Biblioteca Âyiné 16
Que paraíso é esse?
Entre os jihadistas das Maldivas
Ma quale paradiso? Tra i jihadisti delle Maldive
Francesca Borri

© Editora Âyiné, 2021, 2022
Todos os direitos reservados

Tradução Ana Palma
Preparação Julia Scamparini, Érika Nogueira
Revisão Fernanda Alvares, Andrea Stahel
Imagem de capa Julia Geiser
Projeto gráfico Renata de Oliveira Sampaio
ISBN 978-65-86683-77-6

Âyiné

Direção editorial Pedro Fonseca
Coordenação editorial Luísa Rabello
Coordenação de comunicação Clara Dias
Assistente de comunicação Ana Carolina Romero
Assistente de design Rita Davis
Conselho editorial Simone Cristoforetti, Zuane Fabbris,
Lucas Mendes

Praça Carlos Chagas, 49 — 2º andar
30170-140 Belo Horizonte, MG
+55 31 3291-4164
www.ayine.com.br
info@ayine.com.br

Que paraíso é esse?
Entre os jihadistas das Maldivas
Francesca Borri

Tradução de Ana Palma

Âyiné

9	**Que paraíso é esse?**
11	**A chegada**
25	**Malé**
71	**Maafushi**
111	**Himandhoo**
149	**Malé, de novo**
201	**Thilafushi**
211	**Nota ao texto**

— Então você mora no Oriente Médio?
É isso mesmo?

O taxista me observa pelo espelho
retrovisor.

— Isso mesmo. Moro em Bagdá.

— Bagdá?

Arruma o espelho para me enqua-
drar melhor.

— Sou jornalista de guerra.

— E está no Iraque.

— Na Síria e no Iraque.

— Você está onde está a al-Qaeda?

— A al-Qaeda também, sim.

— Mesmo? Está com a al-Qaeda?

— Sim.

— Com a al-Qaeda? — Freia de repente.

— Quer dizer, não é que estou com a
al-Qaeda. Mas estou onde a al-Qaeda está.

Se ilumina. Me diz: — Mas olha só!

— Com a al-Qacda! Então você encontrou os nossos garotos!

Me diz: — Como são corajosos, hein?

Me diz: — Na linha de frente!

Em Paris, Bruxelas, Túnis, você fala com
os muçulmanos sobre os jihadistas do isis e
todos ficam mortificados, parecem querer
se desculpar, como se fossem responsáveis,
te dizem: Estão fora de si. Te dizem: Não
são muçulmanos.

Nas Maldivas, te dizem: São heróis.

Que paraíso é esse?

para V.,
com uma caneta de prata

A chegada

Em geral os turistas ocidentais nem notam que este é um país muçulmano. E, no entanto, é o país não árabe com o maior número per capita de *foreign fighters*. Contá-los, obviamente, não é simples, mas, até agora, uns duzentos, mais ou menos, foram identificados. Em uma população de 350 mil habitantes. O governo nega. Categórico. Mas nas Maldivas todo mundo tem um irmão, um primo, um amigo na Síria. Em agosto, enquanto o resto do mundo assistia à Olimpíada, nas Maldivas a maioria assistia à batalha de Aleppo.

E torcia pela al-Qaeda.

O problema é que, fora alguns guias turísticos e o livro de um jornalista australiano — que há uns dois anos, cansado do frenesi de Londres, achou por bem se refugiar em um canto de paraíso para escrever para um jornal local e reencontrar o sentido da vida e, em vez disso, encontrou um machete enfiado na porta da redação — sobre as Maldivas, buscando na Amazon, se encontra apenas um livro: o estudo de um antropólogo espanhol sobre os reinos marítimos e oceânicos. Mais três livros de viagem, que mais do que de viagem já são de antiquário: o mais vendido é o diário de Ibn Battuta.

Que desembarcou nas Maldivas no século XIV.

Praticamente, o único livro no mundo sobre as Maldivas, no momento, é o guia da Lonely Planet.

E, para falar a verdade, em Istambul, no aeroporto, no portão de embarque para Malé, que é a capital das Maldivas, parece que nem isso os turistas leram.

Nas Maldivas, basicamente tudo o que aos estrangeiros é permitido, aos locais é proibido. Como o álcool. Ou o sexo fora do casamento: são cem chibatadas. Era Ramadan, certa vez, e um sujeito se meteu em um buraco debaixo de uma escada com um sanduíche: foi preso. As Maldivas são um país levemente conservador, adverte com tato o Lonely Planet. Fora dos resorts, mangas compridas e nada de excessos.

Porque, se olhar para as moças, e não para os golfinhos, dá merda.

Mas no embarque para Malé os turistas já estão todos de bermuda e chinelos. Não são muitos, na verdade. Hoje, enquanto oito bilionários, segundo os últimos cálculos, possuem a mesma riqueza da metade da população do planeta, os que podem se dar ao luxo de ir às Maldivas não são suficientes para encher um avião inteiro: o avião só faz escala em Malé, seu destino é o Sri Lanka. Os passageiros são em sua maioria asiáticos franzinos, de pele escura, com imitações de Levi's e Nikes falsos. Ficam todos de um lado só, acanhados. Como se estivessem intimidados. Uma família russa dorme com máscaras

Gucci todas iguais e uma barreira de malas Hermès. A garota com saltos Jimmy Choo, a mãe com uma Selleria Fendi amarela. O pai usa um Rolex com bisel verde, duas pulseiras e um colar de ouro, três anéis, uma camisa de linho em parte aberta sobre a tatuagem de um dragão, ou talvez seja uma serpente, ou ainda o amortecedor de uma moto, e mocassim de couro branco. Tipo crocodilo. E segura o passaporte em uma capa Louis Vuitton. Enquanto isso, o filho pequeno voa com seu hoverboard e fones de ouvido Bose. No fundo, atrás de três suecos com kit completo para mergulho, dois franceses que aparentam setenta anos, elegantíssimos. Ambos. Ele de panamá e charuto apagado, ela com um chapéu de atriz dos anos 1930, aba larga, um exemplar do *Le Monde* na bolsa. Discutem sobre arame farpado. Sobre fronteiras. Sobre bancarrotas morais, refugiados mortos, por um momento me parece que estão falando de Calais, mas em seguida ela fala que é o individualismo americano, diz: — Trump, o turbocapitalismo. — Diz: — Nós na Europa somos outra coisa. — Não. Falam do muro com o México. À direita, deitadas, duas moças de sandália, de trinta anos, e com ar de funcionárias de uma ONG em busca de uma semana de sexo. Estão usando aqueles vestidos modelo indiano, étnicos. Estão de anéis de bambu; os cabelos têm trancinhas coloridas. Uma delas lê Jonathan Franzen, enquanto a outra lê o relatório que tirou de uma bolsa de tela com o logo da ONU. O último sobre a Síria, provavelmente, ou algo parecido, porque é urgente: decidiram cortar as rações de comida aos refugiados. Dizem que já não têm nem mais um centavo.

Dizem que não chegam ao fim do mês. Os mais nervosos, porém, são dois italianos de Bari com a viagem de lua de mel comprada a prestações, mala de mão da Carpisa. É a primeira vez deles em um avião. Reservaram o voo seis meses atrás, antes da tentativa de golpe contra Erdoğan, antes do atentado aqui mesmo, no aeroporto, antes de tudo. Um voo com uma escala de oito horas: mas na agência disseram para ficarem longe da área do duty free. Por isso trouxeram rosquinhas e dormiram em um corredor isolado. Perto de uma saída de emergência. Disseram para eles ficarem longe dos lugares abarrotados, me explica o rapaz, mas também dos lugares isolados, que talvez possam te livrar de um atentado, mas não de um assalto, e depois para ficarem longe dos tipos suspeitos, mas também dos tipos normais, porque na verdade, nestes tempos, o mais normal se torna o mais suspeito. Aqueles do Onze de Setembro, certo?, eram todos engenheiros. E depois disseram para ficarem longe das lixeiras, das vidraças, das bagagens sem proprietário, mas também de qualquer bagagem, longe de mochilas, de sacolas, de caixas, longe de quem usa coturnos, porque a sola dessas botas é perfeita para explosivos plásticos, mas, especialmente, longe de quem aparenta ser árabe, particularmente das mulheres, porque as mulheres nunca viajam sozinhas, imagine, não saem de casa, são o que há de mais pérfido:

as mulheres árabes. A mais normal, a mais suspeita.

O rapaz me olha.

Tenho os cabelos pretos e os olhos pretos.

E estou sozinha.

— Bom, com licença — diz. — Agora vamos, já é tarde. — E desaparecem.

O avião sai daqui a quatro horas.

Na verdade, a agência recomendou também desativar os toques do celular: assim, se os terroristas começarem a atirar, você se finge de morto. E, como não podia deixar de ser, quando chegamos, ele encontra trezentas chamadas da mãe. Ela ficou a noite inteira diante da TV controlando se tinham sequestrado algum avião.

— De novo, mãe! — diz a ela. — Já te falei, não vi, estava dormindo. Agora já chegamos. Está tudo bem.

Desce da escadinha do avião.

— Não sei se está frio, mãe, acabamos de chegar. Agora chega, que sou eu que estou pagando a chamada, o que acha que vai acontecer aqui? Mãe… Mãe, não estou ouvindo, estão em obras aqui. Estão trabalhando.

Estão reestruturando o aeroporto.

— Puta merda... Cuidado!

Uma empilhadeira corta seu caminho.

— Fica tranquila, mãe. Não estou mais na Turquia. Aqui é seguro.

A obra está sendo realizada por uma empresa saudita.

— Mãe! Mãe, não estou ouvindo! Vou desligar! Está tudo bem!

A empresa da família Bin Laden.

No aeroporto de Malé o terminal de desembarque, na verdade, é também o terminal de embarque. Porque você chega e já embarca para um resort. Para uma das ilhas reservadas aos estrangeiros.

Não tem nem mesmo uma placa em que está escrito: «Saída».

Apesar de todos termos um irmão, um primo, um amigo que esteve nas Maldivas, as Maldivas são tão outro mundo que o Google não tem ideia de como chegar ao meu hotel. Fica na mesma ilha do aeroporto, Hulhumale, mas está na extremidade oposta: distância 1,3 quilômetro. O Google diz para tomar a balsa para Malé na frente do desembarque do aeroporto, e depois retornar, mas com uma balsa diferente, que atraca no meio de Hulhumale. De lá diz para continuar reto e depois à esquerda. E então nadar, acho, porque a bolinha azul do hotel está no meio do mar.

Tempo estimado duas horas e trinta minutos.

No balcão de informações me olham de um jeito estranho. E ainda mais estranho na parada dos táxis. Três crianças me fixam como te fixam na África aquelas crianças que nunca viram estrangeiros, umas mocinhas confabulam sobre meu Asics vermelho. Depois uma senhora cria coragem.

— Errou a parada — me diz. — É aquela lá na frente.

— No aeroporto me falaram que era aqui.

— Não, daqui só dá para ir até Hulhu-male. Para as Maldivas é lá.

— Para as Maldivas?

Me olha perplexa.

Digo: — Mas já estamos nas Maldivas.

— Depende.

Olho, perplexa, para ela.

Me diz: — Quais Maldivas procura? As nossas ou as de vocês?

Porque, em teoria, as Maldivas são um arquipélago de 1.192 ilhas. Mas para os maldivanos, no fundo, são uma ilha só: a capital. Muitas das ilhas têm pouco mais do que algumas lojas, uma escola, um cam-pinho de futebol. Às vezes não têm nem mesmo eletricidade. No fim, para qualquer coisa vêm para cá. Para Malé. Que parece uma cidade como mil outras, anônima, só concreto e motos e ar saturado de calor: mas são 5,8 quilômetros quadrados, 130 mil residentes: e uma população real que é mais que o dobro. Em Malé, cada buraco é habitado.

Nas Maldivas, 5% da população possui 95% da riqueza.

Em uma das ruas principais, a Buruzu Magu, me enfio em uma fresta que parece a paisagem de um cartão-postal, com uma casa azul, uma casa verde, uma casa ama-rela. No fundo, vermelho, tem uma escada caracol. São casas de três quartos, todas iguais, dois cômodos no térreo e um no pri-meiro andar. O quintal é essa faixa na en-trada de chão batido, com pilhas de cadeiras de plástico dos lados, um esfregão pendurado num prego, lixo variado, chinelos, latas de tinta. Atrás da primeira porta à direita moram cinco pessoas; atrás da primeira à esquerda, nove; atrás da segunda, dezoito, e é somente um quarto, todos imigrantes, vêm de Bangladesh: se revezam para dormir. Na casa seguinte, a porta é de compensado podre e está aberta: mãe e filha conversam no escuro, e, ao lado, sobre uma esteira surrada, uma velha, surrada também, voz moribunda, os cabelos crespos e cinza desfibrados como os fios de uma lâmpada queimada. São dezesseis morando aqui, entre trapos e sapatos gastos, paredes remendadas com juta e chapas, o fedor dos corpos. A cozinha é um fogão de uma boca e uma velha geladeira enferrujada. Os quartos não têm janelas, nem mesas, nem cadeiras, tudo está espalhado numa bagunça, e a roupa lavada pingando no canto, pendurada no teto para secar. Na parede, o televisor de plasma conseguido nas últimas eleições em troca do voto.

Mas um salário médio, aqui, é de 8 mil rupias maldívias, ou seja, quinhentos euros, mais ou menos.

E o aluguel de um três-quartos é 20 mil rupias maldívias.

Poucos metros depois, um rapaz está em uma varanda, que mais do que uma varanda é um parapeito, com um cano como peitoril, e faz a barba olhando-se em um caco de vidro. No andar térreo, um homem com o peito nu, sobre um colchão, remenda uma camiseta amarrotada. O quarto é estreito e longo, com um segundo colchão atrás do primeiro e nada mais, um quarto úmido que parece mais um depósito que uma casa. A única luz vem da televisão ligada, sem volume, clareia as paredes com sombras amarelas, vermelhas, alaranjadas: é a al-Jazeera, é a Síria, são os bombardeios de ontem à noite. Dizem que Assad está usando fósforo.

Um prédio desaba.

Entre os destroços, braços, mãos, cabeças. Um pé de criança.

Já a casa da esquina é azul, e nas janelas não há vidros, mas redes. Na porta, uma mulher baixa e larga dorme sobre uma poltroninha de ferro e corda. Moram dez em dois quartos e uma cozinha. No primeiro, tem um beliche, e no chão, sobre um piso que é um toldo de plástico, está um rapaz na frente de um playstation: em um tanque de guerra, no Afeganistão. Está atirando nos americanos. No andar de cima, sobre uma cama quebrada, sua irmã, de dezesseis anos, passa roupa, enquanto a outra irmã, de dezenove, corta um tecido na luz intermitente de uma velha lâmpada consumida. Uma terceira irmã menor penteia o cabelo depois do banho, ou algo parecido, porque no banheiro, na verdade, não tem chuveiro, tem somente uma torneira. A mãe é cozinheira. Já o pai faz entregas com uma pequena van. E depois tem o marido da mais velha das três irmãs, que trabalha em um escritório, me diz a caçula, e por escritório quer dizer que é caixa de um supermercado. — Se você pudesse — pergunto a ela —, o que mais gostaria de ter no mundo? — Ela me olha. — Em que sentido? — me diz. Digo: — Se você pudesse. Se pudesse ter qualquer coisa: o que você queria? — Qualquer coisa? — Qualquer coisa, sim. — Olha o chão. Depois a parede, depois me diz: — Um pouco de espaço. — Um quarto só seu? — Sim — diz. — Com um pouco de luz.

— Um quarto com uma lâmpada — diz.

Fico por um momento em silêncio.

— Ou só metade — diz.

Metade de um quarto.

Acha que pediu demais.

Na casa seguinte, por sua vez, estão todos em um canto, porque chove, e chove na casa. E chove dias e dias, aqui: é a estação das monções. E são todos crianças, porque os adultos estão fora trabalhando, menos uma moça. — E se você pudesse — pergunto a ela —, o que queria mais do que qualquer coisa? — Ela me olha. — Em que sentido? — me diz. Digo: — Se pudesse. Se pudesse ter qualquer coisa: o que você queria? — Queria tudo — diz. — Sinto falta de tudo. Mas, mais do que qualquer coisa, gostaria de não querer.

— Não querer?

— Porque eu sei que nunca vou ter nada — diz. — Assim seria menos triste.

— Gostaria que esta fosse a única vida possível — diz.

E depois aparece este rapaz, a certo ponto, que se assemelha a Abdallah.

Abdallah al-Yassin. No quarteirão seguinte, em um quarto de tijolos sem reboco, um rapaz que tem a mesma barba dele, os mesmos olhos e está assistindo na televisão a uma reportagem sobre Gaza. Ou talvez seja o Iêmen, não sei: são somente destroços. Mas ele fica ali, e tem os mesmos olhos de Abdallah, que foi meu primeiro intérprete, em Aleppo: era um dos ativistas mais notórios, e então morreu, morreu como todos, na Síria — Abdallah. Aquela vez que perguntei a ele sobre o Islã, e me explicou tudo, mas depois me disse: «Mas, para entender a Síria, Marx é mais útil do que o Alcorão». E agora tem este rapaz, neste quarto: e o quarto está cheio de lixo. Às vezes em saquinhos, às vezes não, e este rapaz assiste à televisão enquanto separa o plástico, o alumínio, as coisas que se reciclam, que serão revendidas: e vez ou outra encontra uma sobra de comida, um resto de suco, e o examina na contraluz, e o coloca à sua direita. Com cuidado.

Prepara seu jantar.

E, afinal, é sempre assim. Não somente aqui. Em qualquer lugar. Só que não posso escrever essas coisas. *Mas que notícia é essa?*, dizem na redação. É a pobreza. Existem os ricos e existem os pobres. Como os filipinos com quem eu estava no avião. Que notícia é essa? Só que os três filipinos não eram filipinos, na verdade eram do Sri Lanka: eram filipinos de profissão, porque povos inteiros hoje são tão condenados, por toda a vida, condenados de nascença, a um ergástulo de miséria e marginalidade que ser filipino se tornou hoje um ofício. Não é um adjetivo, não é algo que descreve alguém, é um destino: é algo que define, é um destino de motoristas e empregados e garçons. Então, tinha ao meu lado esses três filipinos do Sri Lanka, no avião. Vinham os três de Vicenza. Um deles era jardineiro, e morava na Itália havia 24 anos. Praticamente era mais italiano do que eu, que saí do país quando tinha 24 anos: mesmo assim, ainda falava um italiano que eu tinha dificuldades para compreender. Mas, no fim, para quê? O mundo deles é todo um mundo que não fala, na verdade. Escuta. Escuta ordens e instruções. E pronto. E então depois de 24 anos entendem tudo: mas ainda falam com dificuldade.

Os dois à minha direita, por sua vez, trabalhavam em uma queijaria. Pensavam em se estabelecer na Itália e, depois de um tempo, buscar mulheres e filhos, mas na Itália se viram mais pobres do que no Sri Lanka.

—Já se passaram três anos da última vez que visitei a minha casa — me disse o jardineiro. — A passagem é muito cara: oitocentos euros — me disse. O salário de um mês.

Como uma noite em um resort barato das Maldivas.

Mas que notícia é essa? Não dá para escrever.

Os ricos e os pobres. Está nas coisas.

Tem quem leve a vida como filipino.

E depois alguém diz: os jihadistas.

Porque na verdade é sempre assim. A primeira vez que estive no Iraque, bem no primeiro dia, na primeira noite, havia um homem que dormia na rua. Sobre um gramado. E achei que fosse um dos mil desabrigados das mil guerras daqueles meses. Até deixei com ele alguns dólares. Mas não: estava dormindo perto de um posto de gasolina para ser o primeiro da fila, no dia seguinte. Porque no Iraque tem gasolina somente para os primeiros que chegam. Isto é: o Iraque boia no petróleo. Você vê bombas de petróleo em todo lugar. Porém os iraquianos não têm gasolina.

E dormem assim.

Na rua.

Porque a gasolina está toda nos nossos reservatórios.

Quais Maldivas? As nossas ou as de vocês?

Malé

Kinan cresceu em uma casa assim. Seis em um quarto, os pais que brigavam o tempo inteiro. O mar como chuveiro. Nas fotos de família é uma criança que mal se vê, sempre atrás de um primo, um tio. Como para se proteger. Hoje todos desviam quando ele passa. Hoje tem 31 anos e é um dos nomes mais conhecidos, e temidos, da criminalidade de Malé.

Malé está repartida entre cerca de trinta gangues. Apesar de ninguém, aqui, falar em gangue. Os rapazes dizem: O grupo. Porque uma gangue é algo tão normal, tão corriqueiro que não é uma gangue: é um grupo de amigos. Um dia se organiza um jogo de futsal, outro dia um assalto. Cada gangue tem entre cinquenta e quinhentos filiados, mais ou menos. Como sempre, estimar é complicado. Mas significa que as gangues, aqui, envolvem praticamente um quinto dos jovens, que são a maioria da população: a grande maioria, porque a idade média, nas Maldivas, é de 18,7 anos.

No primeiro e último estudo sobre a violência de rua, em 2009, um estudo feito pelo governo, 63% dos entrevistados disseram que não se sentiam seguros ao andar na rua sozinhos.

Quarenta e três por cento disseram que não se sentiam seguros nem mesmo na própria casa.

Kinan acabou sendo preso pela primeira vez aos quinze anos. Por rixa. É viciado em heroína e alcoólatra desde os dezessete anos. E ainda hoje, para viver, vende droga. — Porque aqui ninguém oferece outra oportunidade — diz. — Estou disposto a qualquer trabalho, mas ninguém me quis. Ninguém. Nem como estivador portuário. Mais cedo ou mais tarde vamos todos presos, e todos por droga, porque, quando você mora com dez em um quarto, a verdade é que você mora na rua. Não tem meio metro quadrado para estudar, para se concentrar em um livro: o único futuro que você tem é um futuro como garçom. Você assiste ao mundo na televisão, e depois vê o mundo ao redor. Em exílio nesta ilha longe de tudo. E o que fica? — diz. — A heroína.

Até porque o álcool fora dos resorts é proibido: a heroína custa muito menos do que uma vodca.

— Não dá para mudar a sua vida, mas você pode esquecê-la. Já que — diz — dentro ou fora da cadeia, em Malé, você está preso do mesmo jeito.

— E a coisa mais insensata — continua — é que quanto mais irrelevante é o crime mais rigorosa é a pena. Se você roubar uma manga, não de um mercado, mas de uma árvore, da árvore do vizinho, você vai passar um ano na cadeia. E, o que é pior, vai ficar marcado por toda a vida. Mas, ao mesmo tempo, a tolerância é total: a impunidade é total, porque na realidade estamos a serviço dos políticos. Eles te encomendam de tudo, de um serviço de panfletagem a um esfaqueamento. Com tabela de preços: 1.200 dólares para quebrar uma vidraça, 600 para queimar um carro, 1.600 para agredir um jornalista. Então, se quiserem, se for útil para eles, te tiram da cadeia.

— Mais do que tolerância — diz —, é cumplicidade.

— Às vezes — diz — te chamam simplesmente para distrair a opinião pública. Quando se começa a discutir sobre os hospitais que faltam, os transportes que não funcionam, propinas e subornos: te pedem para provocar um pouco de caos. Algumas porradas no estádio. Um pouco de sangue. Assim as pessoas pensam em outra coisa. Pensam que o problema, neste país, somos nós.

Kinan foi condenado duas vezes, mas nunca ficou preso. Como o seu amigo Naaif. — E você faz o que para viver? — pergunto. Ele ri. — Estou cumprindo 25 anos de cadeia.

Com o turismo, entram cerca de 3,5 bilhões de dólares por ano. Mas é tudo propriedade de quatro ou cinco homens de negócios. E de seus sócios estrangeiros. Aos maldivanos não chega nada. Apenas uma gorjeta para atirar um coquetel molotov. Fraturar um nariz. O turismo aqui é um turismo gerenciado pelos operadores turísticos: você paga tudo na agência de viagem. Tudo junto. Tudo antecipado. O dinheiro praticamente nem circula nas Maldivas. Mas aí alguém como Kinan aparece na sua frente todo elegante, vestindo terno, camisa, sapatos de couro. Uma pastinha na mão. Com ar de profissional. Com ar de quem trabalha no banco. Ou em uma multinacional. Com ar de promotor financeiro. Mas é só uma pastinha com anotações sobre a sua vida: a heroína devastou sua memória.

Não lembra nem quando nasceu.

Só se lembra de uma coisa, dos últimos 31 anos. — Todos me batiam, quando era pequeno. Os rapazes mais velhos queriam dinheiro, e me batiam. Meus familiares me batiam porque eu roubava o dinheiro deles. Ia para a escola, me batiam. Não ia para a escola, me batiam. Quando me prenderam, entendi que precisava aprender a me defender — diz. — Que eu precisava bater primeiro.

Ele me olha. — Não é uma justificativa. Mas é uma explicação.

Porque não é que Kinan negue as suas responsabilidades. Matou mais de uma vez. — Queria poder te dizer que não queria. Que queria só ferir, só ameaçar. Só assustar. Mas não. Era o que eu queria. Era exatamente o que queria: sabia o que estava fazendo. Mas eu sei também o que os outros fazem. Não sou o único criminoso, aqui. Sou somente o mais evidente.

— Não sou o mais forte — diz. — A verdade é que sou o mais fraco.

Faz dez anos que tenta mudar de vida. E já que ninguém está disposto a lhe oferecer uma segunda oportunidade, agora decidiu que é ele que vai oferecer a si mesmo uma segunda oportunidade: decidiu ir embora. Decidiu ir para a Síria: — Não é difícil. Ninguém controla. Ninguém te para. Têm todo interesse em se livrar de nós, realizamos todos os crimes deles: conhecemos todos os segredos deles. E queremos todos ir embora. Qualquer coisa é melhor que Malé.

— Na Síria — diz —, pelo menos seria morto por uma razão melhor.

Se ainda está aqui, é só para tentar salvar o irmão. Na verdade, depois de sessenta anos de moratória, a pena de morte voltou a vigorar nas Maldivas. E o irmão, Humam, é o primeiro da lista: acusado de ter esfaqueado um deputado. Tem 22 anos. Depois retratou a sua confissão, e denunciou pressões da polícia: e, sobretudo, segundo a Anistia Internacional, demonstrou mais de uma vez sinais de desequilíbrio mental. E é, no máximo, o executor daquilo que é, por sua vez, um homicídio político. Afrasheem Ali tinha anunciado querer se candidatar a presidente, e Maumoon Abdul Gayoom, que foi presidente nas Maldivas por trinta anos, de 1978 a 2008, e ainda hoje é considerado o pai da pátria, tinha acabado de declarar que o seu partido apoiaria o candidato de mais prestígio em matéria de Islã. O candidato com mais experiência. Que naquele momento seria Afrasheem Ali, portanto, em vez de Abdulla Yameen: o atual presidente.

Mas, enquanto voltava para casa, uma noite, Afrasheem Ali foi morto.

— Para muitos aqui, a Síria é uma oportunidade não somente econômica, mas moral: é uma espécie de forma de redenção — me diz no quarto ao lado Aishaat Ali Naaz. — Ir para a Síria significa ter uma casa, um salário, amigos. E principalmente uma identidade: um lugar, finalmente. Um sentido. Ir para a Síria significa remediar os próprios erros. Pagar as próprias culpas, e recomeçar do zero. Talvez porque sou uma psicóloga — diz — e me interessa não tanto o que uma pessoa faz, mas por que acaba por fazê-lo, mas, honestamente, para mim esses rapazes são tão vítimas quanto as suas vítimas. — Ela tem 39 anos e dirige o Mipstar, o Maldivian Institute for Psychological Services, Training and Research. O centro no qual Kinan trabalha como voluntário. Recuperam dependentes químicos. Recuperam de tudo, na verdade: dependentes químicos, delinquentes, alcoólatras. Deprimidos. Divorciados. — Porque viver em Malé é terrível — diz. — E não me refiro somente à criminalidade. Você está no meio do oceano. Ou seja, é magnífico, sim: mas só por um dia. Por uma semana. É como ficar preso em uma armadilha, aqui. E ainda por cima sem um cinema, sem um parque, um teatro, um show. Nada. Um dia igual ao outro.

E literalmente: não tem nem as estações aqui. A temperatura é constante, entre 25 e 31 graus Celsius. Você tem sempre a mesma luz, nas Maldivas. O ano todo. Não tem verão e inverno. Você veste sempre a mesma roupa. As monções vão de maio a outubro, e chove, mas não esfria.

— As Maldivas, é óbvio — diz Aishaat Ali Naaz —, são de uma beleza extraordinária. Porém não se vive de beleza. Se vive... Se vive de vida.

— E por isso, não por acaso — diz —, para as ilhas, desde sempre, se expatriam os inimigos.

E depois aqui você tem uma única possibilidade, ela diz: — Trabalhar nos resorts. Mas é quase como ser marinheiro, você fica longe por oito, nove meses. E as famílias desmoronam. E, ainda assim, com o salário mal se paga o aluguel da casa. Com todo o país concentrado aqui, com tão pouco espaço à disposição, a demanda é muito superior à oferta, e os preços estão lá no alto: uma casa em Malé custa tanto quanto uma casa em Paris. Sou psicóloga, tenho um salário alto, tenho só uma filha: ainda assim no banco tenho 2 mil dólares. E significa que, se eu ficar doente, não posso pagar um médico. Muitos participam das atividades do Mipstar só para ter acesso ao refeitório. Não. Não é vida — diz.

— E o que sobra? — diz. — A heroína.

A heroína ou qualquer outra coisa. Mastiga-se cola. Fumam-se raízes. É tanto o desespero, aqui, que inventaram uma mistura que chamam de «cola water». Basicamente, é uma bebida mista de Pepsi com água-de-colônia.

É basicamente água-de-colônia.

Basicamente você desmaia.

Lembra um pouco Gaza, onde se usa o Tramadol, que na verdade é um analgésico: algumas pessoas, no mundo, cheiram coca para se sentirem eufóricas, outras querem somente dormir e desaparecer.

Até porque o Oriente Médio agora tem outras prioridades, mas enquanto isso agora em Gaza já faz dez anos que os palestinos são assediados. Que não têm mais nem água: só água do mar, só água salgada. Você se sente pegajoso o dia inteiro, em Gaza, todos os dias: e um F16, de vez em quando, chega e bombardeia. Chega e você morre.

E depois dizem: Hamas.

E de fato Aishaat Ali Naaz agora se ocupa de fundamentalismo islâmico. Começou ocupando-se de droga. Depois de penitenciárias. Depois de gangues. E agora de jihadistas: — Uma sequência — ela diz — que já explica muito. Os centros de recrutamento aqui não são as mesquitas. São sobretudo as penitenciárias. Porque você começa com a droga desde criança. Por volta dos doze anos. E mais cedo ou mais tarde vai preso: e, como sempre, de delinquente ocasional se torna delinquente habitual. Noventa e quatro por cento dos dependentes têm ficha limpa. Você se junta a uma gangue, depois. Depois da heroína. Até porque é a única maneira de se defender das próprias gangues: com todos esses dependentes, a violência de rua é violência até por um olhar um pouco mais demorado, por uma palavra mal compreendida. Ou até por nada. Se os outros andam em bando, o único jeito é fazer o mesmo.

A polícia em Malé não existe. A polícia é tomada como mais uma das muitas gangues. E portanto você entra e sai da prisão: até chegar um recrutador que na teoria está ali para te convencer a estudar, aprender um ofício, e te presenteia com um Alcorão. E te fala da Síria. Das crianças da Síria. Porque a ideia, aqui, não é a de ir construir o califado, mas abater Assad. Ajudar aquelas crianças tão parecidas com a criança que você foi.

— O problema aqui não é o Islã — diz Aishaat Ali Naaz. — O problema é a heroína.

Segundo um estudo que realizou para as Nações Unidas, nas Maldivas 98% dos habitantes têm um amigo dependente químico.

Quarenta e quatro por cento têm um dependente químico em casa.

Que, no fim, é em parte a história de Abu Musab al-Zarqawi também. O fundador da al-Qaeda no Iraque. O que hoje é o Estado Islâmico. Al-Zarqawi era um marginal, basicamente. Até que foi parar na cadeia por tráfico e estupro, e se aproximou do Islã: e, para expiar as culpas, decidiu ir embora para o Afeganistão.

A Síria da sua geração.

Tinha tantas tatuagens que era chamado de «o homem verde». Raspou todas elas sozinho, com uma gilete. Porque as tatuagens são proibidas pelo Islã, alteram a criação de Deus. Alteram o homem assim como Deus o quis. E por isso um dia raspou todas elas com uma gilete. Assim, sozinho. Com toda a pele. Porque era como arrancar a sua velha vida.

— Aqui você trabalha, trabalha, trabalha, e nada mais — diz Aishaat Ali Naaz.

— E só para pagar o aluguel da casa — diz. — Acordo, de manhã, e me pergunto que sentido tem. Acordo, e estou somente cansada.

— E, para vocês — diz —, este é o paraíso. Que paraíso é esse?

Porque você chega às Maldivas e, na verdade, de repente, se encontra em outro mundo.

De repente tudo é diferente.

Diferente daquilo que conhece. Mas também daquilo que imaginava.

Diferente daquilo que acreditava conhecer.

Porque o problema é que a certa altura começou essa história de globalização. Só porque chegando em Moscou, na praça Vermelha, você encontra um McDonald's. Essa história de que não tem nada de novo debaixo do sol. E depois você chega aqui, e não importa que nós todos tenhamos um irmão, um primo, um amigo que passou as férias nas Maldivas: a verdade é que você chega aqui, e não reconhece nem a fruta vendida na rua. Você anda, e vê esses objetos indefinidos. Uma espécie de melão que parece uma manga. Parece uma bola de rúgbi. E em seguida uns cilindros que parecem umas cepas de madeira, e pequenos tubérculos espalhados no chão como se fossem amêndoas, mas que parecem mais bulbos de tulipa. Uns pimentões esquisitos.

Ou talvez cenouras.

Talvez não dê para comer.

Talvez sejam pilhas. Baterias.

Você chega às Maldivas, e a verdade é que é tudo diferente.

Tudo tão inclassificável.

Porque no fim não é só na Amazon que o único livro sobre as Maldivas é o da Lonely Planet, é que em Malé não há uma livraria. Porque, se você é jornalista, é um dos primeiros lugares a que vai, ao chegar a um país pela primeira vez. Ou seja: só tem uma livraria islâmica, aqui, dois quarteirões depois do centro de Aishaat Ali Naaz. E é até uma livraria muito bonita, muito organizada, com o típico assoalho que range: só que, além dos livros em árabe, e uns dois livros em inglês, tudo está em dhivehi: a língua local.

Porque te dizem: o inglês é a língua universal.

Só que o inglês é ainda a língua de uma minoria. E de uma minoria muitas vezes rica e branca e formada.

Dizem: Hoje temos o Google Tradutor.

Mas o dhivehi não existe no Google Tradutor. Não existe em nenhum lugar.

Leio alguns títulos. *O papel da mesquita. A humildade da prece. Guia para a interação entre homens e mulheres.* Todos impressos na Arábia Saudita. *O sacrifício. A peregrinação a Meca.* Abu Ammaar Yasir Qadhi, *15 modos para ganhar mais respeitando o Alcorão.*

Como conquistar o coração da sua mulher.

— Arrumo os livros de jihad e já volto. Um minuto.

Olho para o vendedor.

—Jihad?

—Jihad, sim.

Ele me olha.

— Não quer dizer guerra, não. Significa esforço. O esforço de viver segundo a vontade de Deus. Com coerência. Segundo os seus valores. Jihad é tudo o que te torna um bom muçulmano.

— Ou uma boa pessoa — diz. — Se a palavra muçulmano preocupa você.

Está arrumando a prateleira dos livros para crianças.

Livros como: *Na mesa. Na escola.*

Vestir-se. As meninas devem se vestir de meninas e os meninos de meninos. Precisa colocar a roupa começando pelo lado direito. E na camiseta não pode ter imagens de animais. Troque a camiseta depois de jogar futebol.

Tem até um livro para quando ficar doente. Está escrito que é preciso repetir três vezes: *Bismillah*, «Em nome de Deus». E depois nove vezes *a'oozu bi'izzatillaahi wa qudratihi min* e algo que soa como: «Jesus, me ajude» — mas, enfim, além disso, uma vez curado, diz, não devemos esquecer de quem ainda não se curou. De quem ainda está no hospital.

Devemos visitá-lo.

E, se você recebeu de presente muitos brinquedos, agora pode presentear alguém que não tem nenhum.

Porque, você viu?, está escrito: na verdade somos sempre afortunados.

Alguns por uma coisa, outros por outra.

E por isso, diz, se vive junto. Para equilibrar-se. Para completar-se.

Talvez esse seja um livro para ler.

No fim, eu compro: *Problems and Solutions*. Assim. Sem outras especificações. Todos os problemas e todas as soluções. Cinquenta e nove páginas. O rapaz do caixa olha Aleppo no iPad. No YouTube. Ao lado dele tem um amigo que estuda no Paquistão. Voltou para casa por duas semanas. — E você, faz o quê? — me pergunta. — É muçulmana? — Não — digo para ele. — Mas moro em Ramallah. Trabalho para os palestinos.

Não é Aleppo, é Idlib. Bombardearam uma escola.

Dá para ver o braço de uma criança, no chão, com a mão que ainda segura a mochila.

— Você parece árabe.

— Sou italiana.

Ele me olha.

— Italiana — diz.

— Eu vi as fotos de… Como é o nome dele? Com os muçulmanos que rezam nos estacionamentos dos supermercados.

Se chama Nicolò Degiorgis. O fotógrafo.

A Itália tem 1,3 milhão de muçulmanos. E oito mesquitas. Os muçulmanos rezam em academias abandonadas, terrenos baldios. Em periferias de concreto e chaminés. Entre velhos cobertores.

Abrigados em lonas de plástico.

E Nicolò Degiorgis foi fotografá-los.

— E onde viu as fotos? — pergunto.

— Na *Time* — diz.

— *Time*?

Olho para ele.

— E você não estuda no Paquistão? — pergunto.

— Lemos os livros de vocês. Lemos os jornais de vocês. São vocês que não falam uma palavra de árabe. Mas em troca querem nos ensinar como devemos viver. Provavelmente você não sabe nem onde fica o Paquistão. Porém já faz doze anos que os seus drones bombardeiam o Paquistão.

Ele me olha.

— E então mora em Ramallah. Já esteve em Jerusalém?

— Sim. Sim, fica a uma dezena de quilômetros. Fica perto. Ou seja, não, não fica perto: leva duas horas. Até três. Depende. Depende do Muro, tem um posto de controle, no meio.

— Mas você pode ir para lá.

— Os estrangeiros, sim. Nós podemos. Os palestinos não.

— E você trabalha para os palestinos?

— Sim. Ensino música para…

— Mas você pode ir para Jerusalém.

— Sim.

— Você nunca vai entender os palestinos.

E volta a olhar a Síria.

Por sorte, além dos livros existem os jornais. E os jornalistas locais.

Que sempre explicam tudo.

E que são os verdadeiros heróis, na realidade. Os verdadeiros jornalistas. Já faz anos que escreveram tudo o que nós começamos a escrever quando o desastre já é total, quando já é tarde demais, e aquelas que eram manifestações se tornaram revoluções, aquelas que eram revoluções se tornaram guerras: e agora todos já morreram. Mas nós escrevemos no *Guardian*, e acumulamos prêmios, eles escrevem no *Diário de Mossul*. E acumulam bombas apenas.

E, de fato, a porta do *Minivan News* não tem plaquinhas, não tem logo, nada, é uma porta anônima de um condomínio anônimo. Você entende que está no andar certo pelas câmeras de segurança: em dhivehi, «Minivan» significa «independente», é o único jornal nas Maldivas independente do governo — é a porta na qual enfiaram um machete. Segundo o Reporters Without Borders, as ameaças aos jornalistas são tão frequentes, aqui, tão corriqueiras, que 43% dos jornalistas decidiram não as denunciar mais. Além do mais, 35% dos jornalistas decidiram se ocupar de outra coisa. Deixar para lá a criminalidade, a corrupção. A política. Ocupar-se de futebol e buracos no asfalto.

As manchetes do *Minivan*, por outro lado, mais do que as manchetes de um jornal das Maldivas, parecem de um jornal do México. De El Salvador. Torturas, tráfico de droga, prostituição. Propinas. Protestos por eletricidade. Por água corrente.

Nas ilhas, 40% da população está abaixo da linha de pobreza.

Porém a prioridade do governo, atualmente, é uma lei sobre difamação. Apesar de na sua definição de difamação faltar o adjetivo fundamental: que a afirmação seja falsa. Em vez disso, segundo o governo, uma afirmação fere a reputação de uma pessoa quando é contrária ao que as outras pensam daquela pessoa.

Segundo o governo, difamar não significa mentir. Significa criticar.

Significa pensar.

E então na redação do *Minivan* agora estão todos concentrados nisso. Todos sobre uma foto de Rilwan. Que tem 28 anos e cabelos crespos, ar de quem toca violão à noite na praia. Ar de quem mantém tudo de pé. Foi visto pela última vez à meia-noite, e estava voltando para casa. Estava embarcando em uma balsa para Hulhumale. Era 8 de agosto de 2014. Meia hora depois viram um rapaz, embaixo de sua casa, arrastado para dentro de um carro vermelho: desde então, não se têm mais notícias de Rilwan. Ninguém nunca investigou.

Apesar de os carros vermelhos, aqui em Malé, serem apenas dois.

E um, em 8 de agosto, estava em Hulhumale.

«Nem todos os mistérios têm solução», declarou o ministro do Interior. «Os americanos ainda estão tentando entender quem assassinou Kennedy.»

Yameen Rasheed é um dos melhores amigos de Rilwan. Tem um jeito muito diferente do seu. Usa uma camisa branca justa, abotoaduras prateadas, mas tem a mesma cabeça: é um dos únicos dois blogueiros laicos das Maldivas. O único que ainda escreve. O outro foi agredido e quase decapitado, e com dificuldade foi recosturado no hospital. E se transferiu para o Sri Lanka.

Pergunto para ele por que ainda está aqui. Ele se formou na Índia, é técnico em informática, fala um inglês perfeito: poderia ir para qualquer lugar.

Ele me diz apenas: — Nasci aqui. Moro aqui. E às vezes, vivendo, acontece de se manifestar uma opinião.

Ele me diz apenas: — O estranho, aqui, não sou eu.

O problema é que a sua opinião, aqui, é uma opinião proibida: a Constituição reconhece a liberdade de opinião, mas com a condição de não a exercer contrariando o Islã. O Islã é a religião do Estado. Somente os muçulmanos podem ser cidadãos das Maldivas. A apostasia é crime. Um crime punido com pena de morte. Não se pode ter outra religião, nem não ter religião. Até agora, quatro admitiram ser ateus. O primeiro se enforcou. O segundo se retratou — na cadeia. O terceiro é Hilath Rasheed. Aquele que foi quase decapitado.

O quarto não se encontra mais.

O quarto é Rilwan.

— Mas não é questão de Islã — diz Yameen Rasheed. — Nos anos 1970, quando Gayoom chegou ao poder, as Maldivas eram um arquipélago de pescadores em estado selvagem. Gayoom tinha estudado em al-Azhar, no Cairo. A melhor universidade do mundo islâmico. Para as Maldivas da época, em parte como para a Líbia de Gaddafi, a sua palavra não era a palavra de um presidente: era a palavra de Deus — diz. — Não tendo legitimação popular, Gayoom criou para si uma legitimação religiosa. Cada decisão era justificada como uma decisão ditada pelo Alcorão. Aquela que chamam vontade de Deus, aqui, é desde sempre uma vontade muito terrena — diz.

Foi Gayoom que inventou a fórmula dos resorts. Do turismo de 5 mil dólares por noite. — Era uma forma de modernizar o país — diz. E o país, de fato, passou do terceiro ao primeiro mundo. Mas era também uma forma de controlá-lo. Concentrando a população em Malé. E, acima de tudo, impedindo todo contato com outras culturas. Das 1.192 ilhas, apenas 199 são habitadas, e 111 são resorts: mas não há entre elas nenhuma interação. Nem mesmo nos resorts. Fora do horário de trabalho, os funcionários são proibidos de andar por aí. — Além do mais, os resorts foram construídos por empresários estrangeiros — continua Yameen Rasheed —, porque ninguém, na época, tinha o capital necessário para construí-los. Nem as competências necessárias para gerenciá-los. E é assim ainda hoje. Abrir um resort não é como abrir um hotel. A lei impõe aos empresários estrangeiros ter um sócio maldivano, que é praticamente o sócio por intermédio do qual você obtém a concessão de uma ilha: e por isso, obviamente, em geral se trata de um maldivano muito próximo a um político. Ou diretamente um político — diz. — E essa é a razão pela qual aqui, segundo as estimativas da oposição, 5% da população, no fim, possui 95% da riqueza.

— Cada empresário tem o seu partido de referência. E cada partido tem a sua gangue de referência. E fica difícil mudar as coisas, desafiar o sistema, porque os juízes são parte do mecanismo: tentar desafiá-lo significa se tornar completamente vulnerável. Completamente só — acrescenta Ahmed Naish, o especialista em crônica policial e judiciária. — São cerca de duzentos juízes, e ainda são aqueles nomeados por Gayoom. Muitas vezes não são nem formados. Sessenta por cento só têm o ensino fundamental. Vinte e cinco por cento deles já foram condenados. Mas são protegidos pela Constituição. São protegidos pelo princípio da independência da magistratura. Abdullah Mohamed, chefe da Corte penal, absolveu criminosos de todo tipo, violou todo tipo de lei: mas ninguém nunca conseguiu prendê-lo, ou mesmo adotar uma medida disciplinar contra ele, porque ele fica com o carimbo do tribunal no bolso. Sempre. De noite também: leva-o para casa. Mas, quando em 2008 Mohamed Nasheed se tornou presidente, o primeiro presidente eleito da história das Maldivas, e tentou removê-lo, foi acusado por todo mundo de atacar a magistratura.

De tentar submeter o poder judiciário ao poder executivo.

Que é o motivo pelo qual *Minivan News* agora é em inglês também. Porque já é complicado defender os direitos humanos: e às vezes é preciso defender-se também dos defensores dos direitos humanos.

— Não, não é questão de Islã — diz Yameen Rasheed. — Porque o Islã aqui é política, não é religião. Com Gayoom cada dissidente se tornou muito mais que um dissidente: se tornou um infiel. Até o tsunami, em 2004, foi visto como uma punição de Deus — diz. — Eles te mostram todos esses vídeos nos quais a água, numa ilha, leva tudo embora: menos a mesquita. Mas o problema não é o Islã. Por trás do Islã, tem sempre outra coisa. O paladino da lei sobre a proibição de álcool foi Gasim Ibrahim, um deputado que além de ser um fervoroso fiel é um fervoroso empresário: é o maior importador de tudo o que proibiu. Os seus resorts são os maiores consumidores de uísque, vodca. Vinhos de todo tipo. Não é uma novidade. A religião é o ópio dos povos. O problema é quando se torna também o ópio dos analistas.

— Porque o problema, aqui, não é o Islã — diz. — O problema é a economia.

— A economia — repete. — Porque o problema não é a pobreza, mas a desigualdade. Não é que aqui não tem recursos: é que são mal distribuídos.

— Mas — digo — não entendo por que ninguém protesta. Justamente porque não é que não haja recursos. As Maldivas não são como Biafra. Por que não estão todos na praça?

— Simples. Porque ninguém aqui pode se dar ao luxo de se manifestar. Ninguém ganha o bastante para ter uma poupança: se você vai preso, a sua família de um dia para o outro vai passar fome. A última vez que estive na cadeia, no ano passado, quando me prenderam em uma passeata, éramos 27 na cela. Todos foram despedidos. E, se você tem a ficha suja, depois mais ninguém te dá emprego — diz. — Especialmente no serviço público. — Que aqui, não por acaso, absorve 12% dos trabalhadores. Em um país que se poderia governar com um computador e duas secretárias.

Velha estratégia dos regimes de cada tempo e latitude.

— A política — diz — é o primeiro luxo que um pobre não pode se permitir.

Gayoom ficou no poder até 2008. Na Ásia, o seu foi o regime autoritário que mais durou. Depois Nasheed se tornou presidente, um dos seus opositores históricos: mas, passados poucos anos, foi derrubado por um golpe. Isto é: demitiu-se. Já que as Maldivas, em teoria, são uma democracia. Embora o presidente, desde 2013, seja Yameen. O meio-irmão de Gayoom.

Aquele que tinha como rival Afrasheem Ali.

Mas há um governo, aqui, há um parlamento. Livremente eleito. Solo, a praça principal de Malé, praça da República, a praça das manifestações, é bastante eloquente sobre como funciona, aqui, a democracia. Tem no centro a bandeira das Maldivas — verde, obviamente, o verde do Islã, com a meia-lua: dentro de uma moldura vermelha, símbolo do sacrifício pela pátria. Em frente, está a Mesquita da Sexta-feira. A mais importante de Malé. À esquerda, fica a sede da polícia. À direita, a sede das forças de segurança.

O quarto lado está fechado pelo oceano.

Caso alguém pense em escapulir.

Em um canto da praça começa a Majeedhee Magu, uma das ruas principais, que corta a cidade em dois. Com as muitas lojas de suvenires. Mesmo sendo suvenires da China, na realidade, porque as Maldivas são tão desprovidas de tudo que não existe artesanato local. As Maldivas são, creio, o único país no mundo que não tem sequer uma cozinha local. Uma cozinha típica. Só peixes. Peixes e cocos. E os peixes, aliás, todos os magníficos peixes das propagandas das agências de viagem, em geral são venenosos.

As Maldivas produzem só conchas.

Conchas e coral.

E dentes de tubarão.

E areia. Dezenas e dezenas de garrafinhas de areia.

O restante vem da China.

E, no entanto, no meio de tudo isso estou aqui porque estou buscando um chapéu. Um chapéu para um amigo para quem compro um chapéu de cada país que conheço, e aqui, achei no Google, tem um cara, na Guatemala, ou talvez fosse em Honduras, um cara que ainda fabrica esse chapéu tradicional das Maldivas: um chapéu de folhas de palmeira. Folhas de coqueiro.

Folhas de coqueiro entrelaçadas.

Só que eu perguntei para todo mundo, e ninguém tem ideia do que é.

E me falaram que a única rua é esta. Que se tiver está aqui. Em uma dessas lojas.

A primeira na qual entro vende essencialmente conchas. Colares de conchas, broches de conchas, molduras de conchas. Caixas de conchas. Conchas pintadas. Conchas cinzeiros, conchas saboneteiras, conchas açucareiros. Conchas abridores de garrafa.

Conchas ímãs. Bolsas de conchas.

— Estava procurando um chapéu. Um chapéu de folhas de coqueiro.

— Estão lá no fundo.

O proprietário me mostra uma pilha de chapéus de palha.

— Mas esses são modelo Panamá, não? Eu queria o chapéu típico daqui.

— Típico?

— Queria o chapéu… O chapéu que todo mundo usa.

Me mostra uma pilha de bonés.

— O que todos usam — diz — é este.

— Não… Mais típico: tradicional. Queria o chapéu tradicional das Maldivas.

— Em que sentido, tradicional?

— Tradicional. O chapéu tradicional.

— Como o chapéu de meu pai?

— Sim, algo assim. Que chapéu seu pai tinha?

— Que chapéu *tem*: ainda está vivo, graças a Deus. Tem um boné como esses.

— Não, não... Então: seu avô. Seu avô, por exemplo, que chapéu tinha?

— Meu avô?

Ele me olha.

— Não sei se tinha um chapéu, honestamente — diz. — Creio que usava um lenço. Para o sol. Um lenço branco. Sabe o que significa? Se tivesse visto esses, teria usado um desses, certo? Usava velas: mas, se tivesse visto lâmpadas, você acha que ainda teria usado velas? Teria comprado um desses bonés aqui.

— Sim — livra-se de mim. — Diria mesmo que são bonés típicos.

Tão típicos que até os mortos os usariam.

Na segunda loja, tem dois turistas dinamarqueses. E tem um pouco de tudo. Camisetas, esteiras, golfinhos de madeira, golfinhos de plástico, golfinhos de cerâmica. Chinelos. Isqueiros. Escorpiões emoldurados. Aranhas emolduradas. Ímãs para geladeira. Porta-copos de madrepérola, porta-copos em forma de peixe, porta-copos em forma de panda.

Tem uma cauda de raposa também.

— Estou procurando um chapéu. Um chapéu de folhas de coqueiro.

— Estão aqui.

O proprietário me mostra uma pilha de chapéus de palha.

— Não. Palmeira. Não palha. Um chapéu de folhas de palmeira.

— Folhas de palmeira?

— Mas claro — diz o dinamarquês. — O chapéu verde. O que depois se torna amarelo.

— É isso. O chapéu tradicional daqui.

— Em que sentido, tradicional?

— O que todos usam. O da propaganda... É isso. O verde.

São marido e mulher. Faz dez anos que vêm para as Maldivas.

Estão indo para o aeroporto.

Porque os turistas param em Malé no máximo por duas horas, o tempo de comprar umas garrafinhas de areia. Ou nem param. Se você buscar a previsão do tempo, no iPhone, não vai encontrar Malé, mas diretamente: Aeroporto de Malé.

É a primeira coisa a ser notada, aqui. Você chega, está nas Maldivas: e não tem hotéis.

Não tem turistas.

Enquanto os dois dinamarqueses pagam, vasculho um pouco ao redor. Xampu de coco. Leite de coco. Óleo de coco. Sabão de coco.

Conchas de cozinha de coco.

— Então — diz o proprietário. — Vamos ver esse chapéu. Tem uma foto?

Claro. Uma foto. O cara da Guatemala.

Ou da Jamaica, ou que diabo era.

Passo a ele o meu celular. Aquarelas sobre cocos. Velas dentro de cocos. Bolsas de cocos. Quatro estatuetas de gatos com purpurina.

— Mas esta aqui é a Síria.

Ele me olha.

— Você é síria?

— Não — digo.

— Mas esta é Aleppo.

— Não sou síria. Mas estou na Síria. Sou uma jornalista.

— Santo Deus. Mas tudo desabou aqui.

— Mais ou menos.

— Mas estão todos mortos.

— Quase. Assad está vivo.

— E veio aqui para contar das Maldivas?

— Não. Ou melhor, sim. Porém estou aqui pelo chapéu.

— Finalmente! Uma jornalista!

— Quem sabe o senhor conhece alguém aqui que ainda saiba como…

— Fale a verdade: está aqui pelos jihadistas. Mas tem que contar das Maldivas. Tem que contar tudo. Sabe, eu não leio mais nada. Especialmente coisas de guerra. Vocês vão lá, arriscam até a vida e escrevem que estão atirando. Mas é claro que estão atirando: é uma guerra. E, exatamente por vocês arriscarem a vida: eu quero que me expliquem por que estão atirando. Entendeu, certo?

— Sim. Sim, claro, tem razão, mas agora eu tenho esse amigo, sabe, que…

— Viu o que a senhora comprou?

— … e preciso de um chapéu.

— A senhora que estava aqui. A senhora dinamarquesa. Comprou umas moedas.

Moedas mesmo: umas rupias maldívias. É um dos suvenires mais vendidos. Porque aqui você paga tudo com cartão de crédito. E fica nos resorts e pronto. Ninguém tem ideia de como vivemos. Do que significa Malé. Depois um dia alguém explode em cima de você: e todos vão dizer que é o Islã.

— Mas talvez em alguma ilha. O que acha? Talvez numa das ilhas alguém ainda saiba como se entrelaça um...

— Todos vão dizer: São loucos!

— ... talvez numa ilha de pescadores. Porque na cidade, talvez... por outro lado, numa ilha talvez ainda se viva de acordo, não é?, de acordo com a tradição. Talvez o senhor conheça uma ilha...

— Só que não são loucos. Não, não são loucos. O problema não é o Islã. O problema é todo o resto. Trabalhei por dez anos nos resorts. Pegávamos as sobras dos pratos, nos quartos. E, juro para você: ainda hoje, nunca degustei nada melhor. Isso. A nossa vida é uma vida tão de merda que o melhor para nós é o que é lixo para os outros.

— Mas não, agora... E, enfim, quantos anos tem esse Gayoom? Noventa? Quanto ainda...

— Somos invisíveis. Completamente invisíveis. E vamos continuar assim até um desses rapazes explodir junto com trinta turistas, aí todo mundo vai perceber o que significa de verdade viver aqui. E então mais ninguém virá. E a economia desabará, e o governo prenderá todos. E será um desastre. Será até pior que agora. Você deve contar sobre as Maldivas agora. Não depois. Depois é inútil.

— É por isso que estou aqui. E vou escrever. Vou escrever tudo. Juro. Mas se o senhor, enquanto isso... Mas, se até na internet, na realidade. Do cara da Guatemala. O que acha? Talvez pudesse comprar esse chapéu na internet. Talvez seja mais simples.

— Espalham todas essas análises, todas essas teorias... Mas é tão difícil entender? Um mundo assim é um mundo que não pode funcionar. Esta é nossa única vida: e queremos vivê-la. Claro, se acreditam que este é o paraíso, então parece que somos loucos. Mas você tem que dizer tudo a eles. Mas tudo mesmo. Você tem tempo para um café, certo? Eu te ajudo. Deixa comigo.

— Conhece alguém que faça o chapéu?

— Tenho um sobrinho.

— Tem um sobrinho que faz o chapéu?

— Tenho um sobrinho que está indo para a Síria.

Ali tem 25 anos e um jeito humilde, despojado, e também um pouco ascético, é magro, usa chinelo, jeans curtos na altura dos tornozelos, uma camisa com gola mao que parece uma túnica. Clara. Três ou quatro centímetros de barba. É um rapaz calado, tímido. Brusco, às vezes. Mas dá para intuir que é só insegurança. E, sobretudo, está pronto: a viagem custa 3 mil dólares, chegou aos 2.730. Poupados vendendo haxixe. — Digamos 2.700: vai precisar de uma mochila.

Digamos 2.600: talvez precise de um casaco também — diz. — De um agasalho. Vai fazer frio. Faz frio? — me pergunta. Nunca saiu das Maldivas. Mas agora tem no celular todos os mapas da Turquia, acompanha a batalha minuto a minuto, metro a metro, sabe tudo do front. Dos rebeldes, do regime. Quem avança, quem recua. Quem vence. Quem perde. Sabe menos sobre a Síria. Sobre sua complexidade. Os ativistas laicos, os saques, o contrabando, os conflitos internos, as facções, a guerra como um negócio: os tantos postos de controle que de ambos os lados do front já não servem para controlar o inimigo, mas sim para extorquir dos civis os últimos trocados que ainda restam — ainda que em certo sentido, no fundo, não esteja indo para a Síria. Ele diz: — Estou indo para o paraíso.

E, de toda forma, sabe ainda menos do Estado Islâmico no qual gostaria de viver. — O problema — diz — é a democracia: o problema é essa pretensão dos homens de decidir segundo a própria vontade, e não segundo a vontade de Deus. — Mas, quanto ao resto, sobre a Síria que virá, é vago. — O que espera encontrar? — pergunto a ele. Não tem dúvida. — Fraternidade — diz. Uma nova vida. Uma vida diferente. — Uma sociedade na qual somos todos homens, e não abutres. Comedores de carniça, como aqui. Onde todos se aproveitam uns dos outros. E a única coisa que conta é ter o último iPhone, o último iPad. Ter. Ter, nada mais. E, para ter, estamos prontos a tudo. Porque você acha que não acredita em nada — diz — e na verdade acredita, acredita tanto quanto eu. Acredita no mundo assim como é.

— Estamos todos na linha de frente — diz. — Quem não combate, na realidade torce pelo mais forte.

Quem não combate, na realidade é o mais forte.

E para esses o mundo está bem assim.

Do Estado Islâmico, o que mais sabe é sobre o que não deve ser. Mas seu amigo Mohamed ri quando conto que entre nós se diz que os *foreign fighters* não conhecem o Islã. Quando conto a eles do rapaz de Birmingham que, no aeroporto, antes de partir, comprou o manual básico sobre xaria. E parece não ser um caso isolado. Na Síria acharam uma espécie de acervo. Umas fichas. Centenas de fichas: preenchidas pelos jihadistas estrangeiros na chegada. Nome. Profissão. Formação. Línguas faladas. Tem CARTEIRA DE MOTORISTA? Sabe dirigir um tanque de guerra? Coisas assim. E 75% dos recrutas, ao que parece, declararam ter somente noções elementares do Islã. Mas para Mohamed isso não significa nada. — Nenhum muçulmano se definiria um especialista no Islã — diz. — O Alcorão começa dizendo: Estude. — Depois me olha, diz: — Como Kant, certo? *Sapere aude.*

Mohamed tem vinte anos e é um leitor ávido. Um leitor não só do Alcorão: é apaixonado por filosofia, por literatura, especialmente por literatura americana. Por relações internacionais. Tem o jeito de quem é: um estudante, jeans, polo e bolsa a tiracolo. Faculdade de xaria.

— O Islã é justiça. Justiça entendida como em qualquer lugar: como igualdade de direitos e oportunidades. Entre vocês, ao falar em xaria já se pensa nos talibãs. Em mãos decepadas, cabeças decapitadas. E no entanto a xaria é o oposto disso. A xaria te protege. O direito de vocês é desenvolvido por um legislador. O nosso ao contrário é um direito desenvolvido por especialistas. E isso quer dizer que é um direito que vincula todos: até o legislador. Esse é o princípio essencial da xaria. Ninguém é superior à lei. Ninguém foge às leis. Ninguém foge às regras. Nem mesmo quem governa — ele diz. — A xaria está com você. Não contra você.

— A xaria tem o mesmo objetivo do constitucionalismo de vocês: limitar o poder. Colocar o homem no centro da sociedade. Não o soberano. Não o poderoso, o chefe da vez. O patife da vez — diz. — Nos tempos de Maomé, vivia-se em tribos. Vivia-se em grupos, porque a vida era dura. O indivíduo não era nada além de parte do grupo: não tinha autonomia. Não tinha valor em si. E de fato aos indivíduos não se imputava responsabilidade: nem culpas nem méritos. Tudo era atribuído à tribo no seu conjunto. O Alcorão subverteu tudo isso. Era revolucionário, no sentido literal: porque era individualista. No Islã não há intermediários: no Islã você tem uma relação direta com Deus. É você e só você que um dia será julgado. E somente pelas suas ações. Islã, é verdade, significa submissão — diz. — Mas é submissão ao que te torna livre.

— Significa submissão a Deus em vez de submissão a Assad — diz.

— Significa segurar o leme firme mesmo quando o mundo, ao redor, vai à deriva — diz. — Seguir a rota: a xaria, «o caminho reto». Porque não importa o que decide a maioria. Foi a maioria inclusive que escolheu Hitler.

Mohamed também está de partida. Mas para juntar os 3 mil dólares não precisou vender haxixe. Vem de uma família muito devota. Pediu para o pai.

— As Maldivas poderiam ser como Dubai — diz. — Como a Suíça. Somos poucos, somos mais ou menos 350 mil: e o turismo gera bilhões de dólares. No entanto, aqui tudo é um favor. Uma concessão. Se ficar doente, você bate na porta do presidente, e te pagam o tratamento no Sri Lanka. O que no fim é o motivo pelo qual ninguém se rebela. Porque cada um resolve seus problemas assim. Pensando somente em si mesmo. Não somos cidadãos: somos mendigos.

E no entanto, explica Mohamed, o Islã é claro: — O Islã te diz: Estás diante de Deus. Levanta a cabeça. Te diz: Não tens desculpas. Escolhe. Escolhe de que lado ficar.

— Mas então por que — pergunto a eles — não começam a batalha de vocês pelas Maldivas? Por que a Síria?

— Somos muçulmanos. Somos uma única comunidade. E a Síria, simplesmente, é a prioridade. Seria estranho o contrário — diz.

— Que com 500 mil mortos pensássemos mais em nós do que na Síria. Mas a verdade — diz — é que a Síria é a nova Bósnia: uma guerra que não importa a ninguém, que ninguém interrompe, por que deveriam? Quem está sendo exterminado são os muçulmanos. Se fossem cristãos, a onu interviria imediatamente. A pergunta verdadeira — diz — não é: Por que você vai para a Síria? A verdadeira pergunta é: Por que você ainda está aqui? Os estranhos, com 500 mil mortos, são os que pensam em outras coisas.

Seu modelo, depois de Maomé, é Malcolm X.

No entanto, aqueles como Ali e Mohamed teriam muito trabalho a fazer nas Maldivas. Só os muçulmanos, aqui, podem ser cidadãos, e na escola o Islã é a matéria principal, e cinco vezes por dia as lojas fecham para oração: mas depois os vendedores ficam dentro para tomar um café. Não vão para a mesquita. Assim também com o álcool: é proibido, mas vendem na lanchonete do Island Hotel. Ao lado do aeroporto. É só pagar. Até um juiz foi filmado com duas prostitutas.

Porém, se for uma mulher, qualquer mulher, e fizer sexo fora do casamento, vai receber chibatadas em público na frente do tribunal.

Porque é verdade que aqui é tudo proibido. Mas então no fim de semana todos vão para o Sri Lanka.

Onde tudo é consentido.

— Não importa que o Islã seja a religião de Estado. No momento, não existe nenhum Estado realmente islâmico — diz Ali. — O problema é que o Alcorão se concentra nos princípios. Não é um manual de instruções: traça os princípios de base, que depois devem ser especificados com regras mais concretas. E, portanto, é integrado pelos hadiths, exemplos trazidos da vida de Maomé. — Os ditos e feitos da vida de Maomé: a Sunnah. A tradição. Da qual o termo «sunitas». Os xiitas, por sua vez, observam não somente Maomé, mas também seus líderes religiosos. Que são descendentes diretos de Maomé. — Os hadiths são essencialmente episódios — diz. — E foram transmitidos oralmente por séculos. Os mais confiáveis são aproximadamente 5 mil: mas ao todo contam-se meio milhão. E portanto o problema é que qualquer tese que você queira apoiar vai encontrar sempre um hadith para confirmá-la.

— Porque — continua Ali — muitos hadiths não transmitem minimamente a tradição, a praxe dos tempos de Maomé, mas os interesses de quem os transmitiu. Diz-se que Maomé amava biscoitos. Mas quem falou isso foi um certo Mohammed Mahai: um cara que vendia biscoitos.

— Nem mesmo a Arábia Saudita — diz — é um Estado realmente islâmico. Aliás, é o Estado menos islâmico que existe. A começar pelo nome. Um cidadão saudita, por definição, é um seguidor de Saud, a família real: e não um seguidor de Deus. A Arábia Saudita é baseada na idolatria.

— Mas estão entre os principais financiadores de vocês — digo.

— Eles têm bilhões de dólares. Bilhões e bilhões de dólares. E quantos refugiados sírios acolheram? Zero — diz. — Não. Hoje não existe nenhum Estado realmente islâmico.

— E então? — pergunto.

— E então a Síria é só o começo.

Malé é como se te sufocasse.

Te enclausura. Não dá para respirar.

Lembra em parte Nápoles. Os *Quartieri Spagnoli*. Mas sem aquele encanto, aquela elegância da aristocracia decadente. Você anda, e parece uma cidade como mil outras. Anônima. Não dá para perceber nada. Até porque é uma cidade tão abarrotada que na realidade você fica todo concentrado em conseguir passar entre crianças, rapazes parados em um poste fumando, amigas que conversam, velhos lentos, mulheres corpulentas, operários, sacolas, bolsas, pacotes. Mochilas. Motos. Motos em todo lugar. E, se você por acaso nota algo, é alguém que parece um promotor financeiro. E no entanto é um assassino.

Você nota uma árvore. Só uma árvore, no fim da rua. Atrás de um muro celeste. Parece um jardim interno, daqueles de antigamente, daqueles com azulejos e frutas cítricas: mas depois, através de dois furos retangulares que seriam as janelas, você vê uma geladeira, um sofá. O teto de lâminas. Um pai entra com o filho.

Era um jardim interno: agora tem moradores.

A árvore desponta de dentro da cozinha.

Uma turista passa, tira uma foto.

Um quarteirão depois, na rua que vai para o *Minivan News*, no térreo, vivem treze pessoas. Marido e mulher com cinco filhos adultos, mais três genros e noras e três crianças. São quatro cômodos, no total, dos quais um é a cozinha e um está logo na entrada, onde estamos, ou seja, uma pequena mesa de fórmica com duas cadeiras e nada mais, o restante é um acúmulo de velocípedes, roupas, chinelos, guarda-chuvas, objetos de todo tipo. Um micro-ondas. Um liquidificador. Uma boia. Todos trabalham: um dirige lanchas, outro é vendedor em uma papelaria, outro é instrutor de mergulho. Um deles trabalha na alfândega. Mas esta casa é tudo o que podem se permitir. — Mas como é possível? — pergunto. — Só esta casa? — Não — me diz o que dirige lanchas. — Não, não, claro: não só a casa. A comida também.

E Malé é toda assim. A Majeedhee Magu também, a rua principal. Você não nota nada até porque na maioria das vezes não tem portão, só um vão entre um prédio e outro. Que é a entrada da casa. Mas você vê as lojas. Só vitrines. Mas de lá um gato te observa, entre trapos e chinelos. Galões de água. Um prato de vaso, um pacote de biscoitos. Os muros são meio caídos. Meio podres. Não tem nenhuma janela. Mesmo assim o homem sentado na cama, com um amontoado de roupa no canto, porque não tem um guarda-roupa, outra roupa pendurada no teto para secar, é um encarregado do aeroporto. Tem um salário de 12 mil rupias maldívias. Do teto pingam ternos e gravatas. Quem me traduz tudo é seu sobrinho Hisaan, que tem dezenove anos e trabalha em um resort e está aqui por dois dias com a mãe, que tem uma consulta com um cardiologista.

— Tudo isso é proposital — diz. — Não é pobreza: é política. Somos obrigados a vir a Malé por qualquer coisa, para ir a um médico, para ir ao banco, para ir à universidade, mas para todo o resto também, até só para comprar um par de sapatos. E claramente os aluguéis são despropositados. Os preços de Malé são os preços de Londres: com a vida do Burundi. E é proposital — diz. — Uma população que passa fome é uma população que não tem tempo nem energia para se organizar e derrubar o governo. Que não tem nem mais a capacidade de se organizar. Porque agora somos só motoristas e garçons. — Tem uma estranha má-formação nos dentes. Os dois caninos são largos, quase o dobro dos outros dentes, e estão mais para fora, quem sabe um centímetro a mais para fora. Brancos. Branquíssimos, sobre a pele escura. — Desculpe — diz. E se cala um momento. Ele me oferece um suco. Depois se cala de novo. — Desculpe — diz. — Não sei do que falar. Aqui trabalhamos para pagar o aluguel, e pagamos o aluguel para trabalhar. Nada mais — diz. — Não sei te falar de um filme, de um disco. De um livro. Desculpe — diz, e se cala, embaraçado, e olha para outro lugar, e eu também olho para outro lugar, na realidade, porque me pergunto apenas como deve ser ter vinte anos e dois dentes que fazem moça nenhuma sonhar em te beijar, dois simples dentes que qualquer dentista te arrancaria em dois minutos, mas você não pode se dar ao luxo de ir a um dentista, e então fica aí: com os seus vinte anos e sem moça nenhuma que sonhará em te beijar.

Por dois dentes.

Mas Riley, por outro lado, é o seu oposto. Tem mil perguntas. Mil coisas para falar. Tem 31 anos, um marido estilista e os cabelos curtos e despenteados, o jeito de quem é esperta e curiosa, de alguém que todos gostariam de ter como amiga: mas fica em casa o dia inteiro com os dois filhos de três e quatro anos e o sogro, doente, que tem um quarto só para ele. O resto é uma minúscula cozinha cheia de violões e tambores, e um quarto com uma divisão horizontal. Agora que vão pintar as paredes coloridas, na realidade, não fosse a ausência de janelas, e faz um calor de matar, sem ar e sem luz, não fossem os alagamentos toda vez que chove, e aqui chove seis meses por ano, ou seja, na realidade, sem contar isso tudo, a casa parece uma daquelas casas das revistas de decoração ou pelo menos do catálogo da Ikea. Ou talvez seja ela. Talvez seja ela que te faz sentir no Brooklin. Em Berlim. Em uma daquelas velhas oficinas recuperadas por artistas. Se ela trabalhasse, teria que pagar uma pessoa para cuidar dos filhos e do sogro: e do salário não sobraria nada. Portanto, fica o dia inteiro em casa, e lê. Lê tudo o que encontra; e tem mil perguntas, mil coisas para me perguntar: não confia na imprensa do governo. Ela me pergunta se é verdade que Bin Laden ainda está vivo, se é verdade que os atentados na Europa, «Charlie Hebdo», o Bataclan, foram uma operação de Israel. Se é verdade que o Onze de Setembro na realidade foi armado pelos americanos para invadir o Oriente Médio. E se é verdade, como escrevem nesses dias, que na França proibiram o véu. Que a polícia anda nas praias para tirar a roupa das muçulmanas. — Sabe — diz —, porque aqui escrevem mesmo de tudo.

Sai pouco. — Em Malé, ou são todos pobres, e superdrogados, e não falam, ou são super-ricos, e então só falam deles mesmos. Todo dia assim. Você flutua, nada mais.

— Até o dia em que você se torna o sogro, e uma nora toma conta de você — diz.

Diz: — Gostaria de ter nascido corajosa como você. Livre.

Depois se cala um tempo. Diz: — Ou talvez gostaria de ter nascido na Itália.

— Sortuda que nem você — diz.

Porque Malé é toda assim. No fim da Buruzu Magu, que é uma rua que atravessa a cidade de uma ponta a outra, paralela ao mar, a certa altura tem um portão, e atrás do portão tem um quintal repleto de sacos, cada saco repleto de garrafas de plástico. Na casa são todas mulheres. Não entendo bem quem mora e onde, ou seja, em que cômodo; a casa é um buraco escuro e úmido, um quarto após o outro. No primeiro à direita moram uma moça com o marido e o filho, no quarto seguinte mora a mãe dela com as outras filhas e o mais novo dos filhos, que tem mais ou menos a idade do neto, acho: não estou entendendo nada. Moram dezenove pessoas, aqui, só vejo os sapatos. Sapatos e crianças. E mulheres. Todas elas me cercam, só ouço vozes, vozes sobrepostas, não saem nunca, porque os homens, os pais, os maridos, trabalham nos resorts, trabalham longe, e não querem que andem sozinhas, e então estão todas aqui, em casa, sempre, dezenove, ou talvez cinquenta, porque sei somente que em determinado momento conto e somos onze, em um quarto de quatro metros por quatro: onze mais um televisor que fala da Síria. — Começaram a contraofensiva — me diz um rapaz. — Al-Nusra está tentando romper o assédio — diz, assim como outro, em outro país, em outro mundo, diria que começou o contra-ataque, mas ele não fala de um jogo de futebol, fala de rebeldes, fala de Aleppo, enquanto suas irmãs ou mães ou mulheres, ou o que forem, me olham, olham meu jeans, minha camisa, tocam o tecido e tocam meus cabelos, as mãos, a pele das mãos, olham o anel que uso no dedo, a incisão hebraica: me olham como se nunca tivessem visto nada e ninguém. Nunca saíram de Malé. Ficam o dia inteiro fechadas aqui. Todos os dias. E ficariam aqui mesmo que não fossem forçadas a ficar, mesmo assim, porque têm medo. Têm medo das gangues. Mesmo as gangues parecendo estar na casa delas, na realidade: ouvem-se gritos, de repente, gritos, objetos derrubados, e uma moça com pouca roupa sai de um dos quartos, puxada por um rapaz, um rapaz com pouca roupa também, e arranca da parede uma lanterna e a arremessa no chão, e depois um pequeno espelho, golpeia uma porta com uma cotovelada, enquanto uma menina se esconde atrás de mim, abraça o meu joelho, e o rapaz passa na minha frente, me olha, depois entra na cozinha, uma espécie de cozinha, chuta uma cadeira, cospe e se senta na outra, acende um cigarro que não parece cigarro e depois de duas, três tragadas, se cala, os olhos abertos, enquanto a menina levanta a cadeira, e me oferece o resto do cigarro, e me olha: com o cigarro na mão, enquanto me chega uma mensagem, e o celular se ilumina, e de repente, do nada, é um *oooh* de maravilha geral, porque é um iPhone, e ninguém nunca viu um iPhone, aqui, enquanto o rapaz ainda está lá, ainda de olhos abertos — e o que dizer, agora? Porque em lugares assim, em momentos assim, não há nada a dizer, e no entanto esse silêncio, agora, esse silêncio de chumbo, enquanto todos fixam o iPhone e o rapaz, atrás, está sempre lá, sempre de olhos abertos, e você tentando ficar um pouco menos envergonhada de si mesma, de tudo, explicando que não vale o que custa, porque a Apple é só aparência, alguém diz, enquanto você está procurando a porta, a bateria não dura nada, está sempre grudado a uma tomada, ao contrário daquele Nokia velho de quinze anos que é muito melhor, alguém diz, e além disso com aquele não podem te rastrear, com aquele não podem te bombardear, é muito melhor que o iPhone: e a menina que te olha, assim, ainda com o cigarro na mão, que te olha, e te diz: — Não entendi. Quem é que te bombardeia?

Onde fica a porta?

Como se sai daqui?

Porque no fim era uma mensagem de um dos rapazes de partida para a Síria: e de repente você entende o que te dizem, aqui, quando te dizem que só querem ir embora. Que tudo é melhor que Malé. Ele me diz que amanhã «um homem muito respeitado», assim, sem outras especificações, gostaria de me encontrar em particular em Villingili. A ilha na qual moro. São cinco minutos daqui. Apesar de que ontem mesmo me disse para fingir que não nos conhecemos, no caso de nos cruzarmos na rua, porque foi chamado na delegacia por ter falado com uma jornalista sem pedir autorização: e me disse que alguém, como sempre, acha que eu na realidade sou uma espiã.

Ele me disse: — Tome cuidado.

E agora: como sabe que moro em Villingili?

De repente, me dou conta de que estou sozinha. Completamente sozinha.

Completamente vulnerável. Não há nem mesmo uma embaixada ocidental aqui. Ficam todas no Sri Lanka. E a polícia não existe.

Telefono para Kinan. De Villingili me diz apenas: — Aí você vai acabar desaparecendo. — Ele me diz: — Insista para encontrá-lo em Malé. — Mas não é Malé: é o México. É El Salvador. Scampia. Você precisa analisar sozinho a situação, e sozinho encontrar uma solução. Uma proteção. Porque, se os outros andam em bando, a verdade é que a única opção é você também andar em bando.

A única opção é espancar primeiro.

O cara pergunta também se posso me apresentar ao encontro com um hijab. Com um véu. Não que seja um pedido estranho: porém significa também que, assim, ninguém ao redor vai pensar que sou uma estrangeira. Até porque é um encontro particular, como me repete.

Com um homem muito, muito respeitado. Mas cujo nome não pode mesmo me adiantar.

Ninguém, caso precise, vai me ajudar.

O mais provável, honestamente, é que queiram apenas verificar se eu sou mesmo uma jornalista. Basicamente, ao chegar em um novo país você se apresenta em uma embaixada, certo? E a alguns ministros. E aqui você se apresenta à al-Qaeda. O problema, porém, não é a hipótese mais provável: o problema, neste ofício, é sempre a pior hipótese. Ao falar, creio que poderia convencê-los de que não sou uma espiã. Nem alguém que depois volta para casa e escreve que são todos assassinos. Mas e se o problema não forem os jornalistas hostis, mas sim os jornalistas? Em absoluto? Ou seja, e se o problema não for como eu conto ou não conto sobre o Islã, mas sim que não querem nos jornais essa história das Maldivas reino dos jihadistas? Ou para que servem aqueles 3 mil dólares? Uma passagem para a Turquia custa muito menos.

Quem fica com o restante?

São apenas jihadistas, esses meus objetos de trabalho?

E depois aqui o problema na realidade é que não estamos no meio dos jihadistas. De homens que, apesar de radicais, apesar de armados, têm objetivos e estratégias, têm uma lógica sua, como na Síria, como no Iraque. Refletem. Avaliam. Ponderam. Aqui estamos no meio de meninos que nem mesmo entendem que mexer com um jornalista estrangeiro chama mais atenção do que dez reportagens.

Uns meninos em «crise de abstinência». Nada a ver com os jihadistas.

Jesus. Esta cidade é mais perigosa que Bagdá.

Mas não, digo a mim mesma, não teria sentido. Não são simples idiotas.

Depois digo a mim mesma: Regeni.[1]

Porque o que é que tem sentido, aqui?

O que é mais provável? Aqui é tudo igualmente provável. Penso na universidade: penso em todas as aulas sobre teoria dos jogos. Se A escolher X, então, certo?,

---

1   A autora faz referência ao jovem pesquisador italiano da universidade de Cambridge Giulio Regeni brutalmente assassinado no Egito em 2016. Suspeita-se do envolvimento do serviço de segurança egípcio no assassinato. [N. E.]

veremos que B escolhe Y. Porque é lógico. Porque é racional.

Racional?

Ir para a Síria?

Como era simples o mundo, antes.

Como estava errado.

Ou talvez, simplesmente, como era menor do que o verdadeiro.

Porque agora que estou nas Maldivas, e não na Síria, finalmente estão todos tranquilos.

Todos me escrevem: «Que bom». «Relaxa.»

— Esta noite você fica em Villingili — diz Kinan. — E amanhã vai se mudar para outra ilha. Enquanto isso — diz —, procuro entender quem é esse homem. Mas você, por um tempo, fique longe de Malé.

Volto ao embarque das balsas caminhando rente aos muros. De novo alerta como no front, em um segundo: levanto a guarda, de novo atenta a cada barulho, cada sombra. Cada detalhe. Cada coisa que antes não estava lá.

Cada coisa que se encontra onde não deveria se encontrar.

E juro: estou convencida de que ninguém me seguiu. E, no entanto, chego, fecho o portão às minhas costas, e dois rapazes entram logo depois de mim. Dois rapazes daqui. Em um apart-hotel para estrangeiros. Pedem ao proprietário para ver um quarto. E o proprietário olha para mim, depois para eles: nervoso. Abre um quarto no térreo. O instinto me diz para correr para fora e me mandar: a cabeça me diz para ficar ali. No meio de outras pessoas.

Saem.

Passam na minha frente. Um deles para.

Tira para fora uma faca, fixa seu olhar em mim por um momento. Áspero.

E vai embora.

É meia-noite quando Kinan me escreve. «A gangue de que te falei», diz, «aquela de que não lembrava o nome. Se chama Bósnia.»

Quem sabe quantas, um dia, vão se chamar Aleppo.

Maafushi

Mas nada disso chega aos turistas. Cada resort ocupa uma ilha inteira, praticamente são a ilha, e são somente para estrangeiros: são um mundo para si a tal ponto que, nas balsas entre um atol e outro, quando se distingue um resort com seus bangalôs, suas palmeiras, suas praias claras e infinitas, o mar azul, os maldivanos todos começam a tirar fotos com o nariz grudado na janela. Turistas no seu país.

Mas nada disso, na realidade, nada das Maldivas chega nem mesmo aos outros turistas: os turistas das pousadas. Que são uma ideia mais recente, por sua vez. Uma ideia de Nasheed. O presidente que em 2008 entrou no lugar de Gayoom. Diferentemente dos resorts, as pousadas estão nas ilhas normais. Ilhas com moradores. Ficam no meio da vida verdadeira. Porque o objetivo não era só criar um pouco de renda: o objetivo de Nasheed era também criar relações, contatos. Arejar. Porque o governo de Gayoom foi uma espécie de quarentena: imunizou as Maldivas do mundo muito mais do que a geografia. Mas agora, com as pousadas, os turistas ficam entre os maldivanos.

Foi a primeira reforma de Nasheed.

Uma ideia tanto econômica quanto política.

Até mais. Uma ideia social. No sentido mesmo de uma ideia de sociedade. Porque é verdade que morar aqui é morar fora do mundo, e não importa quão belo é o oceano, depois de um dia você tem uma crise de claustrofobia. Mas é verdade também que, no fundo, aqui, é o mundo que vem até você.

É a viagem que te muda, certo? E que te abre, não são os lugares: são as pessoas.

A primeira pousada foi inaugurada aqui em Maafushi. A quatro euros e duas horas de balsa de Malé. Ou também quarenta euros e meia hora de lancha — porque é sempre assim, nas Maldivas, sempre é tudo drástico: você está aqui ou lá, meia hora ou duas horas.

Um país, dois mundos.

Três mundos. Porque aos resorts você chega de hidroavião.

Maafushi é uma ilha minúscula. Não tem praticamente nada. Apenas uma mesquita e um campinho de futebol malconservado. Em dez minutos você a percorre de uma ponta à outra. É uma ilha tão pequena que não tem carro, nem motos: só carrinhos para as bagagens, com rodas que traçam rabiscos nessas estradas de chão batido, largas, entre casas de reboco mal-acabado, baixas e rasas. Não tem nem lojas. Só um par de mercearias como as de antigamente, lá dentro o merceeiro de avental. Mas não tem nem fruta fresca. Logo fica claro o que querem dizer, aqui, quando dizem que para qualquer coisa é preciso ir a Malé.

A única coisa que se acha é linha para pesca. Prateleiras e prateleiras de linha para pesca.

Você precisa ir a Malé até para comprar biscoitos, não só para ir ao médico — sem contar que o ambulatório é uma perua e portanto não precisa de nenhum médico, aqui: você morre antes.

E Maafushi é uma das ilhas mais equipadas.

— Deixar a gente abrir uma pousada não é o suficiente — diz o proprietário da única loja que não falta, uma loja de suvenires. — Aqui não tem nada. Só o oceano. E os turistas não querem só uma cama e um café da manhã. São turistas, não refugiados — diz. Ele vende essencialmente conchas. Colares de conchas, broches de conchas, molduras de conchas. Caixas de conchas. Conchas pintadas. Conchas cinzeiros, conchas saboneteiras, conchas açucareiros. Conchas abridores de garrafas.

Até espelhos de conchas.

Conchas ímãs. Bolsas de conchas.

Camisetas.

Uma bananeira de madeira laqueada.

Bonés de beisebol.

— Nasheed enxergou certo. Certo demais, provavelmente — diz. — As pousadas poderiam mudar as Maldivas. E por isso agora tentam boicotá-las de qualquer jeito. Conseguir uma autorização para abrir uma — diz — não é difícil. O difícil vem depois.

Para atrair os turistas é preciso muito mais. Faz anos, por exemplo, que pedimos para alargarem a bikini beach. — Que é a expressão com a qual chamam aqui as praias para os ocidentais: nas Maldivas o biquíni é proibido. As mulheres nadam de roupa. — Faz anos que pedimos festivais, shows. Um cinema. Aqui à noite não tem nada. Mas o governo não investe um centavo — diz. — E o problema são principalmente os imigrantes. — A lei impõe que 65% dos empregados sejam locais. Tanto nos resorts como nas pousadas. Sempre. Mas é uma lei — diz — que não respeita ninguém. Porque aqui tudo se baseia nos acordos entre empresários e políticos. Os políticos, para ficarem calados, recebem propinas com as quais constroem suas redes. E então você paga: e ninguém te envia os inspetores. São todos de Bangladesh, aqui. Trabalham como animais. E por poucos trocados — diz. — Até porque se protestarem serão demitidos.

— Até porque — diz — Bangladesh tem 150 milhões de habitantes. Se você perde um deles, encontra mais cem.

— Dizem que para atrair turistas deveríamos ser menos rígidos. Vender vodca e coisas assim — diz um passante que se juntou à conversa. — Só se discute sobre isso. Sobre álcool, biquínis. Mas o problema não é o Islã. O problema, aqui, é Bangladesh.

— O problema são os outros — diz. — Não nós.

A pousada na qual estou, de fato, está no meio do nada. É pouco mais que uma casa particular. O quarto tem a janela sobre uma espécie de átrio, cujo muro é o muro externo da central elétrica: que gera um zumbido ininterrupto. E que mesmo assim não é suficiente. Muitas vezes a energia cai. E com a energia, a água. E a iluminação pública não existe. À noite você sai com uma lanterna. Atrás da central elétrica não tem nada. Só areia. Areia, não a praia: essa fica do lado oposto de Maafushi, do meu lado só tem areia. E lixo.

Uma longa extensão de lixo. Que é queimado assim. Tudo junto.

Do meu lado tem só areia e cheiro de dioxina.

Porque pousada nas Maldivas é tudo aquilo que não é resort. Sem distinção entre o mais miserável dos bed & breakfast e um hotel. O White Sand fica na rua principal — ou melhor, central. Tem catorze quartos. O duplo, em média, custa cem dólares, depende da temporada, e são quartos amplos, iluminados, decorados como são hoje os quartos dos hotéis desse tipo, desse nível, no mundo todo, todos de madeira: lembrando de certo modo a Ikea. Há cinco empregados, e todos vêm de Bangladesh. Três vivem aqui, em um quarto no térreo. Os três juntos. Yassan tem 26 anos, chegou aqui com vinte e nunca voltou pra casa, nem mesmo uma vez, porque não pode custear o voo. Não tem turnos, não tem horários, não tem férias: fica sempre à disposição. Faz seis anos. E a sua vida está toda aqui. — Maafushi não tem nada — me diz Hani, que por sua vez tem 24 anos e está aqui há dois. — E mesmo assim não temos amigos — diz. E não diz mais nada. Tento perguntar alguma coisa, mas fica calado. Constrangido. Ele diz: — Mas eu não sou ninguém.

Digo: — Gostaria de saber a sua opinião.

— Que valor pode ter? — diz.

— Sou somente alguém que passa o aspirador.

No Beachwood também, logo depois, um quarto duplo custa 120 dólares por noite. Tem vinte quartos. E, também nele, a equipe é toda estrangeira. Metade de Bangladesh metade das Filipinas. — Mas o nosso hotel é muito diferente dos outros — assegura a gerente, uma moça de trinta anos toda elegante e distinta, de tailleur e maquiagem, mãos, cabelos, tudo impecável. — O Beachwood propõe muitas atividades — diz. — Para todos os gostos e todas as idades. — No painel do hall, de fato, estão penduradas três folhas bem cheias. Entre as pescarias e os mergulhos, tem também um passeio para um resort: por 250 dólares, você pode olhar os ricos o dia todo. Porque você só pode ficar na praia: não pode usar as estruturas do resort. — Mas é o mesmo — diz. — Você se sente como eles. E no preço estão incluídos bebida e sanduíche natural.

Tem também a Sand Bank, conhecida como Sex Beach. Na realidade, é um banco de areia no meio do oceano: onde se faz sexo até a exaustão.

Deixam você ali e depois passam para te levar de volta.

— À noite? — digo.

— Depois da oração do entardecer — diz.

A melhor das pousadas provavelmente é a Crystal Sands, que mais do que uma pousada é um verdadeiro hotel, um quatro estrelas com restaurante internacional, inclusive. Fica a poucos metros da praia. E é muito lindo, de fato: mesmo não tendo nada que lembre vagamente as Maldivas. Um cinzeiro, um porta-lâmpada, uma colherzinha. Nada. Tem dezoito quartos. Preço médio 130 dólares. O rapaz que me mostra um quarto duplo, com acabamento primoroso, amplo, luminoso, silencioso, é de Bangladesh e está aqui há dois anos. Tento perguntar algo, mas fica calado. Constrangido. — Gostaria de um café, talvez — me diz. — Aceitaria um café?

— Não, obrigada. Só queria saber algo sobre como se vive aqui.

Ele me olha.

— Gostaria de um suco de laranja talvez?

— Não, não, estou bem, obrigada. Estava me perguntando: e você, como está?

— Estou bem, senhora. Se a senhora está bem. Está bem?

Tem 21 anos.

— Hotéis como o Crystal Sands são uma experiência única — assegura o gerente, trinta anos, todo elegante e distinto, de gravata e camisa, abotoaduras, tom da voz: tudo impecável. — Num resort, você fica numa ilha no meio do oceano. Numa ilha magnífica, com certeza, mas poderia ser o oceano Pacífico também. Ou mesmo outro oceano — diz. — Só aqui você tem a possibilidade de viver como se vive nas Maldivas. Ficar entre os maldivanos. — E, em certo sentido, diz a verdade. Há um espaço de areia com umas palmeiras, na frente da entrada, e penduradas nas palmeiras umas cadeiras de corda dessas típicas daqui, com armação de ferro. Três homens de aproximadamente setenta anos, de túnica e barba, se balançam na sombra. Cumprimento com deferência em árabe.

Fixam com olhar rigoroso uma australiana de biquíni atrás de mim.

Eles me olham por um instante.

E depois me ignoram.

— Se estiver procurando uma verdadeira pousada, uma pousada gerenciada por uma família, a única aqui é a Sunshine View — diz o proprietário de uma loja de suvenires. — Essas se chamam pousadas, mas você viu: são outra coisa. — Ele vende essencialmente conchas. Colares de conchas, broches de conchas, molduras de conchas. Caixas de conchas. Conchas pintadas. Conchas cinzeiros, conchas saboneteiras, conchas açucareiros. Conchas abre-garrafas.

Até coala de conchas.

Conchas ímãs. Bolsas de conchas.

Corujas de conchas.

Camisetas. Golfinhos de plástico.

Um golfinho feliz, um golfinho triste.

Um golfinho perplexo.

O quebra-cabeça israelense que comprei em Atenas.

Bonés de beisebol.

— São gaviões — diz. Fala dos empresários de Malé. — Farejaram o negócio, e já compraram toda a primeira fileira de casas na praia. Um, dois anos: e vão se tornar hotéis. De um a quatro andares. E para todos nós será o fim — diz. — Vão oferecer aos turistas sauna e academia. Ioga e piscina. Eu também alugo um quarto: mas, no máximo, posso oferecer aos turistas os peixes na grelha de minha mulher. — E, mesmo assim, aqui é difícil até simplesmente reformar um quarto. Abrir uma loja. Nos anos de Gayoom, o Banco das Maldivas emprestou 73,2% das suas rupias maldívias para dois clientes apenas. Gasim Ibrahim e Ahmed Shiyam. Dois deputados. Para todos os outros, o único jeito de abrir uma empresa é procurar gente assim.

Ou seja, pagar juros de usura.

— A gente ficou no meio. Tem de um lado os pobres de Bangladesh, abaixo, e do outro, acima, os ricos de Malé. A gente ficou no meio. Cada dia mais apertados.

— Mas talvez você possa procurar um sócio estrangeiro — digo. Um sócio normal. Porque depende do tipo de pousada que você tem em mente, é claro, e depende da ilha, mas falam de números bastante contidos. Por uma dessas pousadas nas quais pensava Nasheed, de início você precisa de 50 mil euros. Com 50 mil euros em Roma não dá para comprar nem um apartamento subterrâneo.

— Mas depois os rendimentos são divididos 70% para o estrangeiro e 30% para o maldivano — diz. — Mesmo sendo o maldivano quem está aqui. E quem faz tudo. Mas não tem o capital. Velha história, vocês brancos.

«Vocês brancos»: diz exatamente assim.

A Sunshine View fica numa travessa da rua principal, e é uma bela casa com o piso em parte de terra batida em parte de madeira, decoração de bambu. Na entrada máscaras, nadadeiras e snorkels. Tem quatro quartos, todos no andar de cima. No andar térreo, moram os proprietários, marido, mulher e dois filhos, dois rapazes. Ambos estudantes. Custa cinquenta dólares por noite.

— Em um mês, em média, os quartos ficam ocupados por uns vinte dias. Aqui é sempre alta temporada. E portanto, apesar de uns 16% no total de taxas, com uma pousada uma família pode viver. E viver bem — diz Mohamed Shafeeq, o proprietário. E, no entanto, para se precaver, não deixou seu trabalho, nem o salário, de professor. Porque por enquanto as contas fecham: mas os impostos acabaram de sofrer aumento. Além da falta de infraestrutura, os impostos são o outro modo, o modo verdadeiro, com o qual o governo tenta criar obstáculos para as pousadas. — Agora os impostos são iguais, seja para a gente como para os resorts. São iguais em valor absoluto. X dólares.

Que, porém, obviamente, incidem muito mais sobre quarenta, cinquenta dólares de tarifa de uma pousada que sobre 1 mil, 2 mil ou até 6 mil dólares de tarifa de um resort — diz. — Por ora, a gente está resistindo. Mas, honestamente, vai depender muito dos novos hotéis que estão construindo. Dos preços que terão. São daquele gênero de empresário que pode se permitir preços abaixo do custo por meses, no início — diz. — O tempo para liquidar a concorrência.

Já que eles podem equilibrar as contas com entradas de outra natureza. De outra origem.

· — Se discute muito sobre uma praia mais ampla. Sobre shows, teatros. E é claro que eu também gostaria, por exemplo, de transportes melhores, transportes verdadeiros, porque neste momento Maafushi tem ligação só com Malé e mais outra ilha aqui perto. Para todo o resto, você precisa se organizar com um barco particular: e acaba pagando cinquenta dólares pelo quarto, talvez, mas quinhentos dólares pela lancha para o aeroporto — diz. Que é outra herança de Gayoom. Da sua tentativa de controlar a população: foi Nasheed quem introduziu as ligações entre as ilhas. E, ainda hoje, nunca é possível ir e voltar de uma ilha no mesmo dia. Exceto de lancha: exceto por um custo que podem se dar ao luxo apenas os turistas. — Porém o problema não é esse — diz. — O problema aqui não é vender ou não álcool. O problema não é o Islã, nem quanto é larga a bikini beach. O problema é a ilegalidade.

— Ou se combate a ilegalidade ou tudo isso — diz — será inútil. Vamos fechar. E vamos chamar de pousada o que na realidade é outra coisa.

— Apesar disso, porém, nesses anos as coisas melhoraram muito — diz o proprietário de uma terceira loja de suvenires. Vende essencialmente cocos. Xampu de coco. Leite de coco. Óleo de coco.

Sabão de coco.

Conchas de cozinha de coco.

Aquarelas em cocos.

Velas dentro de cocos. Bolsas de coco.

Até porta-lâmpadas de coco.

Camisetas. Chinelos com Bob Marley.

Chinelos com Che Guevara.

Flauta irlandesa que comprei em Amsterdã.

Bonés de beisebol.

— No início não foi fácil, é verdade. Eram todos indiferentes. E eu também: a gente temia se tornar a Las Vegas dos trópicos — diz. Com o McDonald's na praia. — Porém a verdade é que com as pousadas as coisas melhoraram. Antes aqui não tinha nada. Mas nada mesmo. Nada e ninguém. Se pescava o dia todo, e à noite se fumava heroína. Se cheirava cola. Gasolina. Qualquer coisa. A gente tinha chegado tão no fundo que o tsunami arrasou tudo. — O tsunami? — digo. — O tsunami. Claro — diz. — Não por acaso, foi em 26 de dezembro. 26 de dezembro de 2004. O dia depois do Natal. Porque hoje muitos muçulmanos já festejam o Natal com os cristãos. E entre os muçulmanos também: bebem, moços e moças ficam juntos. Hoje se pensa mais em si mesmo, na própria carreira, do que na família. Mas Deus chamou a gente de volta para uma vida autenticamente islâmica.

— Uma vida — diz — segundo os valores de antigamente.

— De fato — digo. — Aqui nem se encontra mais um chapéu.

— Um chapéu?

— Um chapéu de folhas de palmeira.

— Ficam lá no fundo.

Me indica uma pilha de chapéus de palha.

— Não, não palha. Palmeira. Queria o chapéu típico daqui.

— Em que sentido, típico?

— O chapéu de antigamente.

— Você tem uma foto?

— Não. É para um amigo. Para um amigo ao qual compro um chapéu de cada país que visito. Queria um chapéu do tipo, não sei: do tipo do ushanka na Rússia, do fez na Turquia. Um chapéu, sabe?, que não dê para confundir, que uma pessoa possa dizer: esse vem das Maldivas.

Ele me olha.

— Um chapéu que é também um símbolo?

— Pode ser um símbolo. Sim.

— Então este — diz.

E saca um chapéu que tem forma de Nemo. O peixe. O do filme da Disney. O peixe laranja.

Mais do que um chapéu é, aliás, um boné. Um boné que tem forma de Nemo.

— Mas este é o Nemo.

— Não é o Nemo não.

— Claro que é.

Ele me olha.

— Está vendo? — diz. — É justamente o símbolo das Maldivas. Este peixe é da gente — diz. — Não de vocês.

Olho para ele.

— De quem quer que seja: este peixe é o Nemo.

— Mas não é. De forma alguma. Este peixe não é o Nemo: é o peixe mais comum daqui. Mas vocês chegam, e se apropriam de tudo. E transformam tudo em um mundo para uso e consumo próprio. Mas acabou. O mundo de vocês acabou. Não existe. Este peixe não é o Nemo. Estava procurando o símbolo das Maldivas? — diz. — É este.

— Vocês vêm aqui e acham que estiveram nas Maldivas. Mas nunca estiveram nas Maldivas. Nunca estiveram em lugar algum — diz.

— Talvez os outros — digo. — Mas eu estou em Malé. Não fui para um resort.

— E que diferença faz? — diz. — Você só observa: mas não vive aqui. Você não sabe o que significa de verdade.

— Ou acha que sabe o que significa suar a vida toda — diz —, o dia todo, todos os dias, sempre, e ser forçado a pedir esmolas a um deputado para pagar um médico? Com esses super-ricos, na televisão, que dizem: Ganhei tudo com o trabalho até o último centavo. Mereci tudo. Como se tivessem sido melhores do que você. E na verdade foram mais ladrões.

— Mas Deus, por sorte, foi claro — diz. — E nos chamou de volta a uma vida autenticamente islâmica.

— Não me parece muito islâmica, honestamente. E a Sand Bank? — digo. — Ou seja, aqui toda a economia se baseia em um turismo que fica do lado oposto do Alcorão. Sem contar que depois no fim de semana vão todos para as noitadas no Sri Lanka.

— E o que significa? — diz. — Nos momentos de mudança é sempre assim. São momentos complicados. Confusos. Mas é só questão de tempo. Só questão de se acostumar. As coisas mudam — diz. — As coisas se resolvem sozinhas.

Não me parece tão claro.

Depois de tudo o tsunami. Deus bem que podia se explicar melhor.

Em que sentido se acostumar? Se acostumar a quê? Ao álcool? Ao Alcorão?

Aos dois?

Entra um grupo de turistas chineses.

— Mesmo assim — diz. — Vá a uma ilha como Himandhoo. Para achar o chapéu — diz. — Se for algo tradicional, em Himandhoo tem.

— Imandu?

— Himandhoo. Com «h».

Logo depois dos chineses, entram uns libaneses. Porque, no fim, na realidade, só agora estou pensando nisso, os relógios, aqui, nos hotéis, aqueles relógios, sabe?, redondos, das recepções, os que marcam a hora das cidades do mundo: aqui não marcam a hora de Londres. De Nova York. Marcam a hora de Pequim. De Istambul. De Moscou. De Riad. E de certa forma é a mesma sensação de quando você chega em Fiumicino, no controle de passaportes, e encontra duas filas: uma para os cidadãos da União Europeia e a outra para o resto do mundo. E a da União Europeia é sempre a mais curta.

Porque somos cada dia menos.

Somos só 5% da população mundial, agora. E a verdade talvez seja que não importa mais o que a gente pensa dos outros: importa o que os outros pensam da gente.

Porque são muito mais numerosos.

Bilhões a mais.

E então o que significa, agora, que é só questão de tempo?

Que com o tempo se aprende a conhecer-se e a não se temer? Se aprende a aceitar-se? Ou que com o tempo os muçulmanos serão a maioria?

E dessa história do biquíni mais ninguém vai falar?

Um dos libaneses, no fim, compra o chapéu do Nemo.

— E depois — digo —, não me parece que as coisas melhoraram tanto. Entre um hotel e o outro, algumas casas são casas de esteiras e chapas, parecem abrigos de refugiados. Com colmeias de crianças, janelas com trapos no lugar dos vidros. Não entendo — digo — por que neste país ninguém protesta. Agora vão roubar de vocês as pousadas também: e mesmo assim ninguém se opõe.

— Aqui ou você é pescador ou funcionário público — diz. — Se você for funcionário público e protestar, te mandam embora. Se você for pescador e protestar, à noite não vai ter jantar. É isso — diz. — Mas, honestamente, não precisa chegar a tanto. Chegar a usar a força. Temos medo, claro. Falar, aqui, é perigoso: já contaram pra você, não?, do rapaz. Rilwan. A mensagem não passou despercebida. Mas, no fim, somos poucos. Você vai falar com um deputado, ele assina um cheque: e acaba ali. E, se for um problema mais geral, por sua vez, um ano de pesca ruim, é só pedir uma doação para um país amigo.

— Ou para uma ONG pronta a ajudar esses maldivanos subdesenvolvidos — acrescenta o filho. Que está aqui, nesses dias, mas estuda economia. — Nenhuma ONG, nunca, diz que a pobreza tem razões políticas, não querem complicar a vida. E então tratam a pobreza como fenômeno natural. Como a poluição e a malária. Não indagam sobre o Banco das Maldivas: te concedem o microcrédito para vender garrafinhas de areia. Sabe o que dizem, na universidade: Não os presenteie com peixes, mas ensine-os a pescar. Isso, agora te ensinam a pescar.

O problema é que não é que você não sabe pescar, ao contrário, sabe pescar melhor que alguém que nasceu em Londres e se formou em antropologia. O problema é que te roubaram a vara de pesca.

— E entretanto — diz — não é verdade que ninguém se opõe, aqui. Que ninguém está tentando mudar as coisas.

— Muitos vão para a Síria — diz.

— Os jihadistas são rapazes normais. Rapazes como a gente — diz Ailam. Tem 25 anos, é advogada. E seu irmão está na Síria com o ISIS. — Alguns têm problemas, verdade. Estão fugindo: se não estão fugindo da polícia, fugindo deles mesmos. Mas meu irmão, por exemplo, tinha a vida dele. Uma vida de amigos, noitadas fora. Moças. Somos uma família como mil outras. Somos muçulmanos, obviamente, mas somos quatro irmãs, mais meu irmão, e nós todas estudamos: a gente nunca ficou segregada na casa do meu pai ou coisa parecida. Vivemos como todos que têm vinte anos. Aqui ninguém te obriga a nada — diz. — Não somos extremistas. Esta não é a Arábia Saudita.

— Nem a França — acrescenta.

— E meu irmão também — diz. — Era como todos. Depois começou a se interessar pela Síria, e, pouco a pouco, mudou. Até porque começou a trabalhar em um resort, no mesmo período. E nos resorts, sim, você tem um salário, mas fica ali por meses, longe de tudo, e você ou está servindo os clientes ou está no seu quarto, e no fim do expediente está proibido de circular pela ilha: você se sente um zero.

Não é que não tivessem notado nada, me diz: — Ele só falava da Síria, da opressão dos muçulmanos. E só lia o Alcorão. E eu dizia para ele: mas a opressão está em qualquer lugar, não é uma questão tão simples, muçulmanos contra não muçulmanos. E depois, se quiser combater a injustiça, eu dizia a ele, por que não vai para a Palestina? A Palestina é a origem de tudo. Israel.

— Mas o Alcorão fala de começar pela Síria — digo.

— Claro que não — replica —, o Alcorão não fala de começar pela Síria. O Alcorão fala de começar de si próprio. Não de matar os outros. Se quiser uma sociedade melhor, você precisa ser melhor. Deus é onipotente: se quisesse, teria criado um mundo só de muçulmanos. Um mundo sem cristãos, sem judeus. Entretanto quis assim: com o dia e a noite, os atuns e os ursos. Os cristãos e os judeus. Quem somos nós para saber mais do que Deus? Meu irmão não foi para Jerusalém simplesmente porque Israel não te deixa entrar em Jerusalém. Podem contar a história como quiserem: mas eles vão para a Síria porque na Síria te deixam entrar.

— Porque, afinal, às vezes eu espiava seus livros. E, honestamente, são idênticos aos nossos. Aos nossos livros da universidade — diz. — Explicam o Islã de maneira substancialmente correta. Porém depois tem toda a parte sobre a jihad que está um pouco aqui um pouco ali, um pouco como pano de fundo de tudo. Não é tratada de maneira orgânica. E o Islã pode ser interpretado de muitas maneiras: mas não de todas as maneiras. O conceito de jihad é bem preciso. Por mais que você possa ampliá-lo, você não pode pegar uma carreta e se jogar contra as pessoas. Mas naqueles livros a jihad parece fora de contexto.

— É como se dissessem: o mundo é injusto, reaja — diz.

— De todo modo, não é questão de livros, honestamente. Não importa o que estava escrito naqueles livros: é que todos os amigos dele estavam indo para a Síria. E, quando um deles morreu no front, foi o fim. Desde então não falava de outra coisa — ela diz. — Ficava sempre ali com o Alcorão. Vestido como um árabe. — Mas depois, por um tempo, voltou a ser o moço de sempre. E baixaram a guarda. — Recomeçou a nadar. Correr. Assim. De repente. Toda manhã, como antes. E mudou de trabalho. Não falava mais da Síria. Nunca poderíamos imaginar que apesar disso estava treinando para combater, e que com aquele trabalho queria pagar a sua passagem para a Turquia. Quando desapareceu, entendemos na hora. E a gente ligou para a polícia, para que fosse detido em Istambul: mas nada. Nem ligaram de volta. E meu irmão reapareceu no Facebook com uma kalashnikov.

Na família é a única que ainda fala com ele. — Está com outros rapazes daqui, e com outros estrangeiros. Os únicos que não vejo, nas fotos, são os sírios que alega estar ajudando. E no entanto... Fico com um pouco de medo ao escutá-lo, confesso. Porque temo que me convença. Às vezes penso: e se ele tiver razão? Ficamos aqui como se nada estivesse acontecendo, enquanto na Síria todos morrem. Não posso não ter dúvidas, é meu irmão. E sei que não é um desequilibrado. O desequilibrado na Síria é o Assad.

— À noite, quando volto para casa... — ela diz. — Assisto às notícias de Aleppo, porque vivo com medo de que ele tenha morrido: essas notícias sempre iguais, porque todos morrem em Aleppo, morrem e é isso — e se quiser um mundo melhor?, penso: você tem que ser melhor. Você primeiro.

— E enquanto isso a gente fica aqui. Como se nada estivesse acontecendo — diz. — E penso: talvez ele tenha razão. Mas com certeza nem eu tenho razão.

— Penso... Não sei — diz. — Não sei o que penso.

Ela me olha.

Diz: — Não sei quem eu sou. Não é apenas que não sei quem meu irmão é realmente. Não sei mais quem eu sou. Ninguém de nós, aqui, sabe mais quem é.

Ainda que nada disso chegue aos turistas. Nada. — Aleppo? — me diz um espanhol na praia. — Você vive em Aleppo? Desculpe, mas Gaddafi não foi morto? Ainda estão em guerra?

Em ilhas como Maafushi os turistas ficam entre os maldivanos, sim, e os maldivanos entre os turistas: mas sem nunca se dirigirem uns aos outros, na realidade. Sem nem mesmo esbarrar uns nos outros. A equipe responsável pelos clientes é europeia, os turistas se relacionam apenas com outros ocidentais. Outros brancos. Os imigrantes cozinham, lavam vidros e pavimentos. Descarregam as bagagens. E na recepção você pode até encontrar um francês, um inglês. Os turistas ficam todos lá em suas reservas indígenas, na sua bikini beach, nessa fresta de praia com uma cerca de bambu ao redor, e um café e um restaurante e um balcão onde alugam canoas: como se o restante de Maafushi não existisse. Quando se aventuram fora de lá, andam de traje de banho e pareô, pareô transparente, ou seja, de traje de banho e mais nada, com um respeito tão formal pela cultura local quanto é formal a aceitação da cultura ocidental por parte dos maldivanos. No fundo, é apenas uma relação comercial. De ambos os lados. Ninguém, aqui, está minimamente interessado no outro. Coexistem sem nenhuma interação. Impermeáveis uns aos outros.

Não juntos: simplesmente no mesmo lugar.

Assim. Por acaso.

Ainda está no YouTube o casamento de um casal europeu, em 2010. Um casal de suíços. No Vilu Reef Resort. A clássica cerimônia na praia. Descalços, com colares de flores. O anoitecer. Velas. Dois mil e quinhentos dólares. Com os nativos em traje tradicional, obviamente, falando só em dhivehi: «Vocês são apenas fornicadores infiéis, certo?», dizem. «Filhos da puta.»

Os dois sorriem felizes.

«Sim», juram. «Sim.»

Quatro napolitanos vagam na praia, perdidos. Chegaram ontem, os quatro têm por volta de quarenta anos, separados ou divorciados. Não faziam ideia de que as Maldivas fossem um país muçulmano. — E são também uma toca do ISIS — digo. — Nossa Senhora — Roberto arregala os olhos. Depois diz para um dos amigos: — Mano, ouviu? Tem o ISIS, aqui. Não tem nem uma mulher.[2]

Tirando a praia e a mesquita, Maafushi só tem uns dois ou três cafés. — À noite, a única diversão é a corrida de caranguejos — diz Roberto, inconsolável. — Você paga pela marca e é isso. Só para dizer que esteve nas Maldivas. Só para postar umas fotos no Facebook e dizer a todos que você não está em Cesenatico, não: você fez dinheiro. Não está na casa de praia da sogra, não — diz, e olha o resort que está na frente de Maafushi: tinham pensado em se transferir para lá, mas custa mil dólares por noite. — Aqui pagamos cem dólares, disseram: e o mar é o mesmo. Mas com cem dólares, disseram,

---

2   Falas deste parágrafo com sotaque napolitano no original. [N. T.]

podemos no máximo olhar os peixes — diz.

— E só por uma hora — diz.

— Se eu quisesse olhar os peixes — diz —, tinha comprado o DVD do *Quark*.[3]

Um espanhol igualmente desiludido. — Pelo que custa — diz —, considerando que aqui o que custa muito é o voo, faz mais sentido o mar Vermelho. Onde tem o mesmo tipo de praia: mas tem todo o resto também. E, depois — diz —, isso aqui é um canteiro de obras. Estão construindo em todo lugar. Daqui a quatro, cinco anos — diz —, será como Ibiza. E eles vêm para o nosso país e querem nadar usando... como é o nome mesmo: burkini. Depois chegamos aqui e só tem coco. Coco, coco, coco. Mas eu pago. Esses caras vivem graças a mim. Tenho direito a uma cerveja.

— Mas aqui são muçulmanos — digo.

— E eu sou o cliente — diz. — O cliente tem sempre razão.

— Seja como for — diz —, não falemos das Maldivas. Vamos falar da Síria. Quando vou ter a sorte de falar de novo com uma mulher que esteve na Síria? — diz. — Mas na Síria dá para ir? É porque eu gostaria de ver a guerra uma vez na vida. Acho que um homem não é completo se nunca esteve na guerra. Se nunca esteve a ponto de morrer. Não pode se dizer homem.

---

3   Programa televisivo. [N. T.]

— Bem — digo —, neste momento a Síria está bastante precária. Bastante... Bastante difícil.

— Mas eu — diz — me adapto. Eu me adapto a tudo. Já viajei muito de trailer.

Mas tem cerveja, sim, na realidade. Tem um barco, no alto-mar, no qual se vende álcool. Porém em Maafushi ninguém vende álcool, e o Alcorão é respeitado. Mas os napolitanos ainda não descobriram: um dos quatro entra sem camisa em um mercadinho, confere uma por uma cada garrafa de suco na desesperada procura por uma gota de álcool. Estamos na frente da mesquita. Os homens fixam o olhar ameaçador nele. Entende o que estou pensando. — Está calor — diz. — E além disso tenho muito sal na pele. A camiseta gruda. — Passa uma mulher debaixo do niqab, vira-se envergonhada. — Vamos, que você é um bicho feio[4] — diz. — Mas quem vai te querer. — Olha para o marido dela. — É toda sua!

Apesar de, na realidade, não ser nem mesmo questão de mesquita. Jamal e Firas são tunisianos e estão em um hotel a duzentos metros do hotel dos napolitanos. No qual está também Kareem, egípcio. Três turistas como todos os outros. Só que o ofício deles é ser jihadista.

Os três são veteranos de sete guerras.

....

4   Em dialeto napolitano. [N. T.]

Os tunisianos começaram com a Bósnia, o egípcio, que é um pouco mais jovem, com o Iraque. Apesar de terem uma maneira de contar diferente da minha. Não me listam os países. Não me dizem: a Líbia, a Síria. A Chechênia. Eles listam cada batalha da qual participaram. Como se fosse uma única guerra. Um único objetivo. De Fallujah a Paris.

Estou aqui para falar com Abu Yasser, que por sua vez começou no Afeganistão e é de certa maneira o decano. E, apesar de ter nascido no Iraque, diz: — Nasci em Bagdá. O Iraque não sei o que é.

— O Iraque — diz — é uma invenção dos ingleses.

Estão aqui para o que definem como um encontro de negócios.

— Em uma ilha das Maldivas — digo, interrogativa.

Digo: — É mesmo o último dos lugares em que pensaria.

— Por isso — diz Abu Yasser.

Estão aqui porque ninguém imagina.

E, provavelmente, porque ninguém controla.

São técnicos em logística, essencialmente. Ou pelo menos assim se definem. Digamos que se ocupam de homens e de armas. E não são al-Qaeda nem ISIS. Ou talvez sejam ambas as coisas: porque na realidade as diferenças e, acima de tudo, as relações entre as duas organizações não são ainda muito claras. Para nós com certeza não. Mas talvez nem para eles. Tecnicamente, o Estado Islâmico, na origem, era a al-Qaeda no Iraque. Depois, em 2014, durante a guerra na Síria, se tornou independente e, mais importante, se tornou um Estado, diversamente da al-Qaeda, que por sua vez se formou no Afeganistão, não no Afeganistão que resistia aos americanos, mas antes, naquele que resistia aos soviéticos depois da invasão de 1979: e foi por muito tempo um grupo terrorista apenas. Um grupo terrorista tradicional. Ou seja, não queria ter um território seu. Mudar o mapa do Oriente Médio. Queria condicionar os governos existentes. Não substituí-los.

A al-Qaeda visava tanto os governos ocidentais quanto os árabes: o primeiro inimigo de Bin Laden não eram os Estados Unidos, era a Arábia Saudita. Desde o Onze de Setembro, desde 2001, até 2005, foram 167.221 vítimas do terrorismo. Noventa e oito por cento delas em países não ocidentais.

Tudo isso, entretanto, na teoria. Porque depois, na prática, as coisas ficam sempre mais ambíguas, e os homens que você encontra são quase todos assim. Como Jamal, Firas, Kareem. Abu Yasser. Não só passam de um país para outro, mas de uma organização para outra, de uma sigla para outra, dependendo do momento, do andamento de uma guerra: e dependendo dos financiamentos. E nunca passam simplesmente da al-Qaeda para o ISIS. Ou do ISIS para a al-Qaeda. Os grupos jihadistas são centenas, são centenas em cada país, mais ou menos radicais. E se reúnem em alianças, e depois alianças de alianças, e depois alianças de alianças de alianças: e só no final filiam-se à al-Qaeda ou ao ISIS. Ou a nada. E às vezes governam, às vezes combatem. Acima de tudo, às vezes combatem entre si. Por outro lado, às vezes se fundem. Ou se toleram, repartem o território.

Nem unidos nem divididos.

E o problema é que isso é verdadeiro para os seus inimigos também. Que afinal seríamos nós. Na teoria, todos abraçamos a guerra contra o terrorismo: porém, na prática, as coisas ficam sempre mais ambíguas. Às vezes a prioridade é outro inimigo. E o inimigo do meu inimigo, por sua vez, não importa se vai exterminar os yazidis. Se vai usar fósforo. Gases. Para Erdoğan a prioridade são os curdos. Para Assad, os rebeldes. Para nós, o petróleo.

Praticamente, os jihadistas são usados por todos.

E usam todos.

Praticamente, é uma confusão. Os analistas sempre têm esses mapas coloridos, organizados, esses mapas muito reconfortantes, o azul é o exército, o vermelho, os rebeldes, o verde é a al-Qaeda. O preto é o ISIS. Esses mapas grupo por grupo. Aqui os sunitas, ali os xiitas. Aqui os islamitas, ali os laicos. Aqui o bem, ali o mal. E você, por sua vez, sempre tem esses mapas parecidos com aquelas folhas, nas papelarias, nas quais você testa as canetas. Esses mapas comandante por comandante. Posto de controle por posto de controle.

Todos da mesma cor. Porque tanto faz, já que nunca se sabe quem vai aparecer.

E o que essa pessoa pensa, com quem está. Pelo que combate.

Se vai atirar ou não.

Os muçulmanos geralmente te falam dos salafitas apenas, qualquer que seja o grupo a que se referem. Te falam dos islamitas, ou seja, dos que pregam o Islã das origens, o Islã dos tempos de Maomé — dos *salafi*, precisamente: dos antepassados. Ou então, te falam apenas da al-Qaeda. Porque, além do mais, al-Qaeda não é um termo cunhado pelos jihadistas. Ou seja, não foi a al-Qaeda que se chamou al-Qaeda: foi a CIA, nos anos 1990, que cunhou esse nome. E, em certo sentido, foi quem a criou, quem a criou desse jeito. De modo específico para poder enfrentá-la. Porque em árabe *al-qaeda* tem mais significados. Pode ser traduzido como «a base», no sentido material, uma base militar, uma base operacional, mas também no sentido mais abstrato, como «os fundamentos». Os princípios de base. E como vanguarda também, no sentido gramsciano: a minoria que está na linha de frente e antecipa e guia a maioria que a seguirá. O significado que os muçulmanos nunca citam é o que contrariamente citam os ocidentais: uma organização. Uma organização em rede, talvez, fluida, mas sempre uma organização. Porque, como diz Kareem, o egípcio: — Al-Qaeda é uma maneira de estar no mundo. — E, no entanto, como se combate uma maneira de estar no mundo?

Nos nossos sistemas jurídicos, para expedir um mandado de prisão por conspiração, por exemplo, que é a imputação típica contra quem está planejando um atentado, é preciso que o sujeito pertença a uma organização. Não se pode deter alguém por aquilo que pensa.

Por sua visão de mundo.

Apesar de ser o que al-Qaeda é, no entanto.

Muito mais do que uma organização. Uma maneira de ser.

Uma interpretação do mundo.

No sentido literal: de todo o mundo.

— Quando derrubamos a fronteira entre a Síria e o Iraque com uma escavadeira, o primeiro ato do califado, vocês vieram correndo nos bombardear. Mas por quê? Como vocês criaram a Europa sessenta anos atrás? Vocês a criaram assim — diz Abu Yasser. — Se para vocês não tem sentido uma fronteira entre um polonês e um português, por que para nós deveria ter sentido uma fronteira entre um sírio e um iraquiano, que falam a mesma língua? Vocês têm essa fixação pela inviolabilidade das fronteiras. Ora, estamos esquecendo que elas foram pensadas e traçadas para dividir e comandar, e agora nos encontramos com esses países, como a Líbia, o Líbano, que não têm sentido. Mas o ponto não é bem esse: é que, independentemente das fronteiras, os Estados estão em crise em todo lugar. Vocês são os primeiros a dizer que hoje os problemas são globais, mas a política é local, e que o desastre é esse, porque, ao contrário, as empresas, elas sim são globais, e se transferem para onde é mais conveniente, se transferem sem parar, porque sempre acham um país que é mais conveniente, para o qual tê-las é melhor do que não tê-las, e sonegam os impostos, desobedecem a lei, desobedecem tudo. E ganham mais que toda a Austrália. E então — diz — que diferença existe entre o meu califado e a sua União Europeia? No fim, queremos a mesma coisa — diz. — Queremos retomar o controle das nossas vidas.

— Depois na prática o califado pode ser muitas coisas — diz. — E, no que me diz respeito, não reconheço esse califa que se autonomeou. Mas não tem sentido julgar-nos com os mesmos critérios com os quais alguém julga, sei lá, quatro anos de governo Obama. Estamos sendo bombardeados, vivemos entre escombros: antes de pensar na xaria, temos que pensar em água e eletricidade. Depois, se o califado virá a ser uma federação ou outra coisa, vamos ver. O califado é um princípio. Mas defender as fronteiras assim, a priori, defender as fronteiras em vez das pessoas, não tem sentido.

— Para mim o califado, antes ainda de ser uma solução, é o reconhecimento de um problema — diz.

Abu Yasser vem de uma família beduína. — E, entre nós, se você pergunta de onde você é, de onde vem, te respondem: Do meu pai, e do pai do meu pai. Não te respondem: Do Iraque. Venho de Deus e dos que me tornaram o que sou. Venho de quem me amou e de quem me traiu. Venho de muitas coisas — diz —, mas não do Iraque. Porque o problema — diz — é que, quando você pensa no Estado, pensa nos hospitais, nas rodovias. Na aposentadoria. Você pensa em algo que te protege — diz. — Eu penso em algo do qual preciso me proteger.

De fato, em Bagdá ninguém conhece o nome do prefeito. Que existe. Porém, se você tiver um problema, em Bagdá, um problema prático, se queimou a lâmpada de um poste, se os bueiros entupiram, se a feira livre na rua da sua casa toda noite deixa uma bagunça, todas as embalagens espalhadas, você não vai à Prefeitura: para cada problema, para cada tipo de problema, e em cada zona, há uma família de referência. Como se fossem vereadores, mais ou menos.

Mais ou menos.

— Vocês querem nos impor exatamente as duas coisas que vocês mais criticam — diz Kareem. — O Estado nacional e a democracia. Vocês ficam aí, sempre repetindo que a democracia está em crise, que o poder verdadeiro agora está nas mãos dos bancos, das multinacionais. Que os parlamentos não têm mais voz. E, de fato, pense nos gregos: podem eleger quem quiser, mas quem decide mesmo é Bruxelas, não os gregos — e então por que a gente deveria querer a democracia? Um sistema que vocês são os primeiros a dizer que não funciona? Vocês defendem os números e não os valores. Os princípios. Mas o que é mais importante: decidir bem ou decidir como a maioria decide? Que no fim nem é a verdadeira maioria: é só a maioria daquela minoria que vai votar — diz. — E que muitas vezes nem sabe em quem votou. Então por que é proibido buscar um método melhor? — diz.

Diz: — Por que é proibido tentar com a xaria?

— Mas vocês — diz — não têm ideia do que seja: nem a xaria nem a democracia. Ninguém aqui quer a guerra. Pode perguntar a quem quer que seja. A um jihadista, a um soldado da marinha. A qualquer um. Um homem não pode mais se reconhecer um homem, depois que esteve na guerra. Só Deus sabe o que eu vi. E então, quando Morsi foi eleito presidente, falei para mim mesmo: talvez tenha chegado a hora de acreditar. Para mim Morsi não era a escolha ideal. E não falo da xaria, falo do exército, que no Egito é o verdadeiro problema: porque estamos passando fome e o exército controla dois terços da economia. Mais do que controla: possui. No Egito todas as principais empresas pertencem ao exército. E Morsi não procuraria o confronto com o exército, mas o compromisso. Porque os Irmãos muçulmanos são reformistas. Gradualistas. Falei para mim mesmo: talvez tenha chegado a hora de acreditar. De tentar. E, no entanto, vocês logo o derrubaram com um golpe de Estado. E não foi para impedir que entrasse em vigor a xaria: a xaria no Egito vige desde sempre. Não o derrubaram para defender os egípcios, mas os negócios de vocês. Os generais amigos de vocês.

— Não — diz. — Não faz sentido acreditar na democracia.

— A democracia — diz — não existe.

E na realidade não é por acaso que Kareem, que é egípcio, termina falando sobre o Egito. No fim, é sempre assim. Os chechenos falam da Chechênia, os afegãos do Afeganistão. Os ingleses de Blair. A fronteira entre a Síria e o Iraque foi derrubada, é verdade, e para os jihadistas agora é um país só: mas não é uma guerra só. De forma alguma. Os jihadistas são profundamente influenciados pelos contextos nacionais. O Iraque, no fundo, arca com as consequências da ocupação americana. O Ba'th, o partido de Saddam, foi declarado ilegal, e todos os funcionários públicos ligados ao partido foram demitidos. Só que o regime de Saddam era parecido com o fascismo, quando você não conseguia trabalho se não fosse membro do partido: de um dia para o outro, o Iraque se viu sem professores nas escolas, sem engenheiros nos aquedutos. Sem médicos nos hospitais. O Estado desmoronou. De um dia para o outro. Enquanto os americanos dissolviam também o exército: e milhares de homens acabaram no olho da rua. Sem salário. Sem mais nada: exceto uma arma. No Iraque, no fundo, os jihadistas de hoje são os sunitas que estavam no poder com Saddam, e que com a derrubada de Saddam perderam tudo. E acabaram na mira dos xiitas e de suas represálias. Mas já a uma distância de poucos quilômetros, na Síria, não tem a ver com sunitas e xiitas. Tem a ver com Assad: na

Síria ou você está com Assad ou está contra Assad. E, se está contra Assad, fica tão só que está pronto para qualquer coisa. Pronto para aceitar que qualquer um te ajude. Até mesmo a al-Qaeda. Na Síria te dizem: A prioridade agora é Assad. Na al-Qaeda vamos pensar depois. Porque com os jihadistas, te dizem, pelo menos você sabe o que é permitido e o que é proibido. Sabe quais são as regras, dizem. Mas com Assad não existem regras. Com Assad a gente morre e ponto final.

E de fato se morre e ponto final.

Estimar é complicado, sim: mas na Síria alguém morre a cada sete minutos mais ou menos.

E depois você chega na Tunísia, por exemplo, e descobre que na Tunísia não é uma questão política, mas econômica. As pessoas vão para a Síria como antigamente iam para Lampedusa. Para a Europa.

Em busca de trabalho.

Você chega à Tunísia e vê algumas pessoas na rua. Em círculo. Algumas pessoas, e um rapaz, no alto de um telhado. E você para, achando que se trata de um artista, achando que se trata de arte contemporânea, um recital de poesia ou talvez um comício, um comício improvisado, como em Londres, como no Hyde Park Corner, porque a Tunísia, não é mesmo?, é o exemplo de sucesso da Primavera Árabe, na Tunísia existe democracia: existe liberdade, agora. E no entanto o rapaz está lá para se suicidar. Porque não tem nada, tem doutorado em astrofísica mas não tem dinheiro nem para comprar cigarros.

E as pessoas, embaixo, tentam impedi-lo.

— Porém, por isso mesmo — digo —, com os atentados no museu do Bardo e depois na praia de Sousse, em 2015, vocês enterraram a economia da Tunísia. Qual é o sentido de operações como essas? Vocês mataram turistas ocidentais: mas acima de tudo mandaram para o olho da rua milhares de trabalhadores muçulmanos. Os hotéis estão vazios. Os hotéis, as lojas. Os restaurantes. Não tem mais ninguém.

— Não enterramos nada, não — diz Jamal. — Você já reparou como as pessoas vivem aqui? — diz. — Você trabalha o dia todo, e não consegue pagar o aluguel da casa. Pagar o dentista. E isso são as Maldivas. Que têm turistas prontos a pagar trezentos dólares por um aperitivo: os nossos turistas por trezentos dólares querem férias completas. E, quando você paga trezentos dólares por uma semana na Tunísia, voo incluído, imagine só quanto pagam a seu garçom. Você não perde nada perdendo esse tipo de turismo. Mas nada mesmo. Os únicos que ganham são as agências de turismo. E, aliás — diz —, ficar à beira da sobrevivência, por um fio, é o que há de mais perigoso. Porque de alguma forma você está dentro do sistema. De alguma forma você tem um salário. E você se ilude que pode subir de nível, certo?, se de lavador de pratos você se torna gerente de salão, as coisas melhoram. Você se convence que, em vez de desobedecer, é conveniente obedecer ainda mais. Mas a verdade é que, se você tiver vinte anos e for tunisiano, você não tem nada a perder.

— Já esteve em Zarzis? — pergunta.

Diz: — Meu irmão está em Zarzis.

Zarzis fica na costa. Fica na frente de Lampedusa, é a cidade de onde se parte para a Europa. Tem um ponto, em alto-mar, do qual os pescadores não se aproximam mais. Porque você pesca cadáveres. Você anda na beira da praia, em Zarzis, anda na areia, e encontra sapatos. Dezenas e dezenas de sapatos.

Sapatos e destroços de barcos.

— Meu irmão está em Zarzis — diz. — Está na praia de Zarzis. Enquanto vocês estão na praia de Sousse.

— E de todo modo cada país é diferente — diz Firas. — Aqui, por exemplo, ninguém nunca mexeu com os turistas. E não só com os turistas: aqui nunca aconteceu nada — diz.

— Só daquela vez em Himandhoo — diz. — Anos atrás.

— Himandhoo?

— Himandhoo, sim. Explodiram uma bomba em Malé. E a polícia foi investigar em Himandhoo, que é, digamos, o centro dos salafitas. É a ilha de onde veio o maior pregador das Maldivas. E então a polícia foi lá. Mas foi recebida com pedras e barras de ferro.

— Em Himandhoo? Com «h»?

— Himandhoo. Sim. Com «h». É um daqueles lugares dos quais se fala pouco. Até porque o último jornalista que tentou falar, se estou bem lembrado, teve um dedo cortado.

— E tem «h» mesmo.

— Himandhoo. Sim.

— E, de qualquer forma — diz Firas —, o Bardo, Sousse: a gente combate com os meios que tem. Que não são os drones de vocês, é verdade. Ou os mísseis de vocês. Não podemos derrotar vocês. Não podemos mudar as coisas — diz. — Mas podemos tornar a vida de vocês impossível: e forçar vocês a mudá-las.

— Acabaram — diz — os tempos em que eram vocês os patrões.

— Nada — diz — é como antes.

Apesar de em Maafushi, na realidade, a vida por enquanto continuar igual, como sempre. É noite, os ocidentais andam para cima e para baixo nos trezentos metros de praia disponíveis, aguardando a corrida de caranguejos, a música de Rihanna já a todo volume. Um rapaz abraça a cintura de duas moças loiras de shorts e nada mais, os três exaustos, descalços. Estão rindo. O rapaz chupa a orelha da amiga à sua direita, cambaleando, a mão no short da amiga à sua esquerda. Atrás, três moças maldivanas de vestido prateado, com bordados vermelhos. O hijab celeste. Caminham como em uma passarela.

Depois uma delas sorri: é completamente banguela.

Olho as últimas notícias de Aleppo. O Jabhat al-Nusra, filiado à al-Qaeda, está tentando quebrar o cerco, agora chegaram ao fim, faz quase um ano que a Rússia bombardeia, bombardeia tudo: é isso ou render--se. Os jihadistas estão se detonando contra as linhas de Assad guarnecidos de TNT. Aparece um homem, no vídeo, um homem de uns sessenta anos, sentado em uma calçada. Ao lado de um saco preto. E, falando com o saco, diz: — Vamos, vamos para casa.

Diz: — Já é tarde. Vamos.

É seu filho.

Passa um americano. Um jornalista. Meio americano, na realidade. A família é de Beirute. A gente se encontrou várias vezes, nesses anos. Mas com a Primavera Árabe ganhou bem, me contou ontem, e agora vai ficar de férias por seis meses. — Ainda com essa história de Síria? — diz. — Para com isso, vai — diz. — Não é minha culpa — digo. — É a guerra que não acaba. — Que se foda — diz. — Até porque, quando você voltar aqui, mesmo que seja daqui a três anos, ainda estarão atirando uns nos outros.

Amanhã ele vai para as Seychelles.

Passa um dos napolitanos. — Onde você estava? — diz. — Vem cá — diz —, encontramos cerveja. Pelo menos uma vez, vai, sai do meio da al-Qaeda: vem beber um pouco. Estamos ali no final — diz. — Onde termina a rua. Onde está o muro cinza.

Na realidade a rua não termina ali. Aquele é o muro da prisão.

Humam está lá dentro. O irmão de Kinan.

Aguardando ser executado.

Himandhoo

A viagem é interminável. O barco é de madeira e tem uns vinte metros, um barco com um velho motor que por vezes falha, ou desliga, são mais de dez horas, dez horas de mar aberto e chuva e vento, o casco que mal consegue deter as ondas, é um mar de metal, selvagem.

Como é selvagem Himandhoo.

Não tem ninguém.

Só duas mulheres, em um canto, completamente cobertas.

Completamente vestidas de preto.

Elas me olham fixamente, por debaixo do niqab, enquanto dois marinheiros descarregam no cais latas de comida, garrafas de água, sacas de arroz, de açúcar. O correio. Sou a única passageira. Não tem ninguém e não tem nada: só essas palmeiras de um verde intenso, e essas árvores que não faço ideia de que espécie sejam, com folhas largas, grossas, umas árvores altas, enormes, que não parecem com nenhuma das nossas árvores, e se fecham sobre a cabeça, densas, entre os gritos dos corvos.

Nunca vi nada parecido.

Não tem nada. Absolutamente nada, nem uma rua. Passo por entre objetos espalhados, e só depois entendo que são quintais, no interior de casas. Uma canoa amarela, desbotada, uma rede celeste. Três copos no chão. Uma toalha pendurada em um fio. Mas não é roupa secando: é uma janela.

Não tem uma rua, a gente abre caminho assim. Entre os galhos.

E não tem ninguém.

Absolutamente ninguém.

Encontrar a pousada que reservei, entretanto, que na verdade é a única pousada aqui, não é complicado: é a única casa verdadeira. Tem um espaço de areia, a certa altura, entre as árvores, e nesse espaço tem um balanço. E, na frente do balanço, uma mesa. E na frente da mesa, uma porta. Uma porta azul. O rapaz na recepção, ou melhor, na entrada, não fala inglês. E não fazia ideia de que uma hóspede estivesse chegando. — *Moment* — diz. Diz: — *Wait.* — Tiro a mochila, enquanto isso, e saco dela o bloco de notas. O bloco de notas e os cartuchos da caneta. A tinta acabou. O rapaz me olha. — *You, ok?* — pergunta. — Sim — digo. — Obrigada. O.k.

Abro a caneta.

É uma caneta dos anos 1950. Uma caneta de prata.

O rapaz continua me olhando.

Ele olha a caneta, na realidade. Os cartuchos.

Depois corre para a cozinha.

Volta com um copo de água e um lenço.

E desinfetante. Pensa que é algo como insulina. Algo para fazer uma injeção.

Nunca viu uma caneta-tinteiro.

Na rua principal, ou melhor, na rua mais larga, há somente uma loja. Uma loja minúscula, escura e minúscula, porque não tem luz, não tem eletricidade, e mal se distingue a senhora no caixa, sob o seu niqab. Uma sombra escura como todo o resto. Não há nem biscoitos na loja. Só macarrão, atum, latas de legumes, xampu. Linha de pesca. A única coisa comestível é um tipo de batatas chips que no entanto não são batatas chips, são bananas, acho. Ou talvez folhas. Folhas fritas. O proprietário da pousada, pelo menos, Kyle, me reconhece rápido: difícil, aqui, não ser notado. Todos me olham. Passo, e param. E me olham fixo. Mas sem nenhuma expressão. Assim mesmo. Não sorriem, não cumprimentam, nada: apenas me olham fixo.

Com essas mulheres completamente cobertas.

Completamente vestidas de preto.

As meninas também.

Kyle fala italiano perfeitamente, aprendeu de ouvido, nos resorts. E agora casou com uma moça toscana, inclusive. Foi com ela que abriu o Palm Heaven. Andrea e Stefania estão no quarto na frente do meu, são de Milão e estão aqui porque são amigos deles, eles vêm às Maldivas há anos. Conhecem cada uma das ilhas. Cada profundeza. Andrea é apaixonado por mergulho. Laura e Alessandro, por sua vez, estão no quarto ao lado, e são de Nápoles, é a primeira vez deles nas Maldivas: escolheram Himandhoo porque queriam ficar em uma ilha verdadeira. Entre os maldivanos.

E de fato aqui não é como em Maafushi: aqui você fica mesmo entre os maldivanos. Bem aqui onde estão todos os jihadistas.

Porque, mesmo a apenas noventa quilômetros de Malé, estamos em outro país, na realidade: por seus seiscentos habitantes, esta não é uma ilha, é o emirado de Himandhoo.

Himandhoo é o baluarte do Islã radical aqui. O atentado terrorista do qual me falaram, o primeiro e o último na história das Maldivas, foi em 2007. Era 29 de julho, e um dispositivo artesanal fabricado com um botijão de gás e peças de máquina de lavar explodiu no centro de Malé, ferindo dois turistas. Em 10 de agosto, a polícia desembarcou aqui procurando os responsáveis. Himandhoo já era vigiada havia algum tempo, porque seus moradores haviam construído uma mesquita alternativa à estatal: e muitos já tinham ido para o Afeganistão. A polícia deu de cara com dezenas de homens com o rosto coberto, armados com barras de ferro, pedras e facas. E foi obrigada a fugir.

Deceparam a mão de um policial.

Na árvore mais alta, entre os galhos, ainda há um que na realidade não é um galho, é uma haste: lá ficava a bandeira da al-Qaeda.

O Palm Heaven abriu dois anos atrás. — E, ainda hoje, não é fácil — diz Kyle. — Continuamos sendo vigiados de maneira especial. No começo todos eram contrários. Diziam que Himandhoo nunca mais seria Himandhoo: que perderia sua identidade. Apesar de na realidade o Islã aqui, ou pelo menos essa forma de Islã, tão extrema — diz —, ser um fenômeno relativamente novo. Trinta anos atrás, quando eu era criança, tudo era muito diferente. A gente festejava o Eid e na sexta-feira ia à mesquita: parecido com a Itália, quando no domingo você vai à missa, e depois ao café do centro para tomar um aperitivo. Era mais para estar com outras pessoas, sabe?, que para estar com Deus — diz. — Minha mãe, por exemplo: não usava o véu. Agora todas as mulheres usam o niqab. Agora o álcool é proibido. A música foi proibida. Não sei dizer o porquê, honestamente, é o que todos me perguntam. Mas creio que nem os muçulmanos tenham uma resposta. A única coisa clara é que aqui ninguém é obrigado a nada. A gente não está no Irã. Tudo que você vê aqui é de livre escolha.

Que é o que te dizem em qualquer lugar, no Oriente Médio. Em Bagdá. No Cairo.

Dizem: A identidade. A tradição.

E, no entanto, depois dizem: — Minha mãe, por exemplo. Não usava o véu.

— Tudo começou nos anos 1970 — diz Kyle. — Tudo começou com Gayoom. Ele não tinha uma real legitimação popular. Não tinha enraizamento, consenso. Não era ninguém. Porém tinha estudado em al-Azhar. E quem teria contestado a interpretação do Islã de alguém que vinha de al-Azhar? — diz. Foi aprovada uma constituição. E não só o Islã foi declarado religião de Estado, mas o presidente foi declarado autoridade máxima em matéria de Islã. — Gayoom justificava cada decisão como uma decisão ditada pelo Alcorão. Gayoom não governava: Gayoom realizava a palavra de Deus. Não decidia: executava. O problema é que depois de alguns anos começaram a voltar às Maldivas muitos rapazes que foram estudar no exterior. No Paquistão. Na Arábia Saudita — diz. — Ou talvez no Egito. Em al-Azhar.

Malé tem uma pequena universidade. Ainda hoje, o único jeito de estudar, na realidade, é no exterior. E o único jeito de estudar no exterior é obter um financiamento. — Ou seja, recorrer aos ricos países do Golfo: é o mais fácil — diz. — E, acima de tudo, é mais fácil se você decidir estudar xaria, em vez de cinema. Ainda hoje — diz —, é por esse motivo que tantos estudam xaria.

Porque é a única faculdade que podem se dar ao luxo de fazer.

— Nesse sentido, a história das Maldivas é a história de muitos outros países — diz. Em 1967 o Egito de Nasser buscou a guerra com Israel, convencido de enfim apagar Israel do mapa do Oriente Médio. E no entanto Israel não só venceu, e rapidamente, como ocupou tudo que ainda faltava da Palestina. Para muitíssimos muçulmanos, de toda parte, a Guerra dos Seis Dias comprovou que os árabes como Nasser, os árabes laicos, nunca teriam a capacidade de eliminar Israel e, com Israel, o domínio ocidental no Oriente Médio: foi a prova de que era necessário voltar ao Islã. O ano de 1967 foi visto como um sinal de Deus. Como um chamado de Deus. Depois de alguns anos do aumento repentino dos preços do petróleo, chegaram bilhões de dólares. E, da invasão soviética do Afeganistão, veio uma base logística. Uma terra de ninguém na qual adestrar centenas e centenas de combatentes. — Enfim, nos anos 1970 muitíssimos foram estudar, ou trabalhar, nos países do Golfo. E, quando voltaram, Gayoom entendeu logo que eram um perigo. Muito mais do que os laicos. Os laicos, poderia liquidá-los como infiéis. Mas eles? Conheciam o Islã tanto quanto Gayoom. A eles, Gayoom não podia dizer: É assim que se faz porque assim diz o Alcorão.

— E, a partir de então — diz —, foi um desastre. Porque a partir de então tanto quem tinha o poder como quem queria o poder — diz — sustentava estar agindo segundo o Alcorão. Realizando a palavra de Deus. Cada um acusava o outro de não ser um verdadeiro muçulmano. Mas na realidade não era uma batalha pelo Islã. Era uma batalha pelo poder.

— E, no entanto — diz — o que de fora fica difícil de entender é que a força dos salafitas foi exatamente essa. Não eram vistos como extremistas. Justamente porque não era uma questão de religião. Não havia uma contraposição entre extremistas e moderados, mas entre liberdade e opressão, a justiça e a injustiça: entre um regime e seus inimigos. Gayoom inventou os resorts: e com os resorts, em certo sentido, inventou as Maldivas. Isso todo mundo reconhece. Os resorts não eram uma ideia errada. Ao contrário. Aqui não tinha nada. Porém foram gerenciados de maneira errada. Os salafitas lutavam por salários verdadeiros. Por escolas, hospitais. Direitos. Dignidade — diz. — Até poucos anos atrás, por exemplo, aqui não existiam nem mesmo as aposentadorias: você dependia dos filhos. E aí, portanto, é óbvio — diz — que as ligações de sangue sejam mais importantes. Que o Estado se torne alheio.

Porque é um Estado do qual a gente não recebe nada.

— Mais do que o Islã, para muitos, os salafitas representaram a oposição a Gayoom — diz. — Até porque foram todos presos. Um por um. E muitas vezes torturados, mortos. E transformados em heróis. Não eram vistos como extremistas, eram vistos... eram vistos pelo que eram: dissidentes.

— Não sei por que as Maldivas se tornaram assim, honestamente — diz. — Pois aqui ninguém é obrigado a nada, não estamos no Irã: o Islã é uma livre escolha. Ou melhor, se você perguntar por aí, todos responderão que é correto proibir o álcool. Porém, depois, no fim de semana, os que podem vão todos para o Sri Lanka beber uísque. E me pergunto: que sentido tem? A única coisa que fica clara para mim, porém, é que é tudo muito mais complexo do que parece. O problema não é o Islã. O problema... O problema na realidade são mil problemas. A economia, com certeza. Gayoom. A política. E o Islã também: certas interpretações do Alcorão no lugar de outras — como negar que o Islã tem um papel em tudo isso? Mas depois tem também o papel, por exemplo, dos pregadores.

De cada pessoa. Como Fareed, que é um dos mais carismáticos e viveu muito tempo aqui. E arrastou atrás dele centenas e centenas de seguidores. E também, claro, a heroína. Os problemas pessoais. O Islã como salvação. E até, por exemplo, a pressão social: nessas ilhas tão pequenas, nas quais todo mundo conhece todo mundo, todo mundo observa todo mundo e julga todo mundo. E ser diferente é tão difícil. Mil razões. Razões públicas e privadas. Internas e internacionais. O tsunami — diz. — E agora esse outro tsunami que é a Síria.

— E é esse o resultado — diz.

— Mas quem poderia imaginar? — diz.

— Minha mãe, por exemplo. Não usava nem mesmo o véu.

— Quem poderia imaginar — diz — trinta anos atrás? Que estaríamos aqui, um dia, falando da Síria, todo mundo da Síria — diz —, e só Deus sabe onde fica a Síria.

Na realidade agora é ainda difícil de imaginar. Imaginar que, de uma ilha como esta, uma ilha no meio do nada, tantos tenham partido para a Síria. E não apenas. Para a Líbia, para o Iraque. Para o Afeganistão. Difícil de imaginar que em casas como essas more alguém como o pai de Hassan Shifazee, morto no front com o ISIS. Para os jornalistas disse apenas: «Estou orgulhoso de meu filho».

Himandhoo tem uma atmosfera muito simples. Especialmente para quem, como eu, chegou do Oriente Médio. Não existe o rancor, aqui, o ressentimento, as feridas abertas que existem no Iraque, no Afeganistão, no Iêmen: as contas a pagar, a sede de reparação, de revanche, de vingança, nesses países nos quais com quem quer que você fale são sempre histórias de irmãos mortos, pais desaparecidos no nada, mães estupradas: há gerações, só histórias de guerras, de mortes, de fugas. De medo. Esta não é Bagdá, onde há cinco, seis, sete carros-bombas por dia. Você entra em um café, em Bagdá, e, por instinto, senta no fundo, de costas para a parede: caso te exploda tudo na cabeça — enquanto os americanos, entretanto, os ocidentais, e os seus aliados no governo, ficam seguros na Zona Verde. Nas suas embaixadas. Nos seus ministérios. E nunca saem. Nunca, lá estão seguros, e têm tudo lá dentro: enquanto a gente não tem nada. Não. Esta é só Himandhoo. Só uma ilha no meio do oceano. De Aleppo você volta com vontade de se arremessar contra qualquer um, de tão brutal que é tudo o que viu, e acima de tudo a indiferença: já que todos te parecem cúmplices, culpados. De Aleppo você volta odiando o mundo, odiando todo mundo, volta de um jeito que tem que se fechar na sua casa e ficar sozinho, sozinho apenas: ou vai agredir o primeiro que aparecer na sua frente — mas esta é só uma ilha de pescadores. No meio do nada. Só uma ilha de palmeiras, de areia, e só essas lojas minúsculas, com poucos metros quadrados e, assim como os empórios de antigamente, com esses objetos improváveis, a depender dos barcos que passaram: uma delas tem pilhas e pilhas de almofadas, outra toda uma prateleira de fitas adesivas. Um abajur, chinelos, alarmes antirroubo para bicicleta. Um ferro de passar. Mas você não tem a sensação de pobreza. Tem a sensação de uma ilha na qual se vive como se vivia no passado, não de uma ilha pobre.

Uma ilha parada no tempo. Nada mais.

Você diria que Malé é pobre, mas não Himandhoo.

Você diria que Himandhoo é simples.

E mesmo assim.

Mesmo assim há essas mulheres que te olham, furtivas, por debaixo do niqab.

Completamente cobertas.

Completamente vestidas de preto.

Até as meninas.

Elas te olham e desaparecem para dentro de casa.

Dizendo: Estou orgulhosa de meu filho.

Apesar de que, nem em Himandhoo, que é tão simples, tão parada no tempo, você encontra um chapéu. Um chapéu de folhas de palmeira. A única pessoa que sabe fabricá-lo, dizem, mora na frente da árvore da bandeira da al-Qaeda, mas na casa só estão um sobrinho, ou algo parecido, um homem de uns sessenta anos, de regata branca, toalha no pescoço, e a esposa que está cortando seu cabelo. O tio está em coma.

— Em coma? — digo. — Em que sentido?

— Por quê? O conhecia?

— Não. Sinto muito… Mas… coma me parece demais. Pode ser só uma gripe.

— Tem noventa anos.

— Mas que azar.

— Não, foi um homem afortunado. Teve uma vida serena.

— Não, eu quis dizer… Desculpe. Escute, por acaso o senhor nesses anos todos aprendeu a… a fabricar…

— O chapéu?

— O chapéu, sim. Vim de muito longe mesmo.

— Não, sinto muito.

— E quase afundei. O mar estava terrível.

— Sinto muito.

— E o seu tio não deixou… Sei lá, umas anotações?

Olho ao redor. O cômodo apinhado dos objetos mais variados, o piso coberto de iscas, anzóis, vasilhas de plástico, rolos de corda, rolos de tecidos, um fogão. Em um canto tem até o motor de um bote inflável, assim, apoiado como se apoia um guarda-chuva.

— Anotações?

— Como… Como um caderno, já viu? Um caderno com a receita do molho parmegiana. Almôndegas. Minha avó escreveu tudo. Tudo em maiúsculas. Certinho. Talvez o seu tio também: tenha deixado…

Ele me olha.

— … a receita. Não? Do chapéu.

— Não. Sinto muito. Mas de onde você veio? Parece árabe.

— Pode ser que tenha sobrado um chapéu, aqui. Já verificou? Aqui no meio, talvez… Não, não sou árabe. Mas vivo no Oriente Médio. Talvez ali dentro, naquela espécie de…

— No Oriente Médio?

— Sim. Trabalho com os refugiados sírios. Aí, está vendo? Naquela espécie de…

— Com os sírios! Que Deus te abençoe, filha. Que bom. Se tivesse a sua idade, eu iria para a Síria também.

Para a Síria?

Aonde é que ele iria?

— Mas eu na verdade não…

Entra um vizinho.

— Ouviu? Esta moça. Veja que esperta é. Está com os sírios.

— Está com al-Nusra?

— Eu… Eu… Não, quero dizer, eu ajudo os refugiados. Não combato.

— Que bom, filha. Muito bom. Porém lembre-se: não basta ajudar os refugiados, é preciso impedir que se tornem refugiados. Um ferido não é um ferido: é uma vítima.

— Lembre-se — diz. — É Assad que tem que ir embora, não os sírios.

— Que Deus te abençoe — diz.

— Se eu fosse mais novo — diz —, estaria na linha de frente.

E me olha direto nos olhos. Como para dizer: Coragem.

E, honestamente, é a coisa que mais me toca. Não só de Himandhoo, mas de todas as Maldivas: o quanto é normal, aqui, falar da Síria.

Falar de jihad. Sem nem baixar a voz.

Falar da batalha de Aleppo como da final da Copa.

Por outro lado: ontem morreu mais um maldivano na Síria. O terceiro, desde que cheguei. O terceiro em menos de um mês. E o governo ainda nega.

Diz que na Síria não tem maldivano nenhum.

E é mesmo verdade, como diz Kyle, que tudo isso é um fenômeno relativamente novo. O Islã chegou às Maldivas no século XII, com alguns mercadores: e se conjugou ao budismo. O país mais próximo, o país que domina a área, é a Índia. Em 2012 o museu de Malé foi assaltado, e todos os objetos de épocas anteriores foram destruídos a marteladas. Mas é suficiente entrar nas mesquitas mais velhas para reconstruir: como a que tem em uma travessa da rua mais larga, aqui. Uma pequena construção branca, em um gramado. Não fica voltada para Meca, mas para o sol. Era um templo: Meca é apontada pelo piso acrescentado depois e instalado na diagonal.

E, no entanto, hoje só muçulmanos podem ser cidadãos das Maldivas.

É proibido ter uma Bíblia. Uma Torá.

E na escola a matéria principal, em qualquer nível e grau, se chama: Praticar o Islã. Com apostilas que ensinam que a democracia é perigosa, porque permite discutir sobre qualquer tema: e no entanto nem tudo pode ser discutido, dizem. Nem tudo pode ser decidido. Algumas coisas são assim e acabou. Porque assim é a vontade de Deus.

A escola de Himandhoo fica a poucos metros da mesquita, e é uma linda escola conservada com perfeição, toda colorida. Azul, vermelha, amarela. Com salas de aula amplas e luminosas. Tem até um gramado: parece um hotel. Com guarda-sóis, poltroninhas de vime. Entram quatro professoras.

Uma delas tem um rádio, um daqueles rádios pequenos para escutar jogos de futebol. Mas não escutam jogos, escutam o Alcorão.

Todas as quatro completamente cobertas.

Completamente vestidas de preto.

Razan ensina sobre o Islã. E, se fosse por ela, não seria a matéria principal: seria a única matéria. Porque o Islã tem uma solução para tudo, me diz: — O Islã é muito diferente de como é descrito. Não é um fóssil. Ao contrário. O Alcorão é imutável, mas a xaria não, a xaria é extremamente flexível — diz. — Muito mais flexível do que o direito de vocês. Porque substancialmente é um produto da sociedade, e não do Estado. A xaria não se baseia na lei, mas na fatwa. O parecer do especialista em Alcorão. Ou, mais exatamente, as fatwas. No plural. Porque não são pareceres vinculantes, são pareceres tão ouvidos, e tão usados pelos juízes, que se tornam mais prestigiosos. A xaria não precisa aguardar o parlamento: evolui constantemente. Não tem donos. Não é dessa ou daquela maioria: é de todos. Acima de tudo — diz —, porque é acessível a todos. Qualquer um pode pedir uma fatwa. Pois afinal, desculpe, que sentido têm as leis, se são tão complicadas que no final não se sabe por onde começar? Se você nem sabe que existem? Se não prevalece quem está com a razão, mas quem tem o advogado mais arguto? — diz.

— O direito de vocês não é um instrumento de coexistência, mas de domínio — diz.

— Na realidade — diz —, a xaria não é só um direito diferente: é mesmo uma ideia diferente da vida. Na essência, o Islã é a convicção de que tudo é vontade de Deus. De que tudo tem um sentido. Uma explicação. Até os erros — diz. — Na xaria o objetivo é sempre a mediação. O acordo entre as partes, mais do que uma sentença. Porque todos temos responsabilidade por aquilo que acontece. A vida nunca é em preto e branco. O problema não é condenar: é entender. Aprender. Entender o que Deus quis dizer e mudar. Melhorar.

— E possivelmente — diz — melhorar todos juntos. Porque, mesmo depois do pior dos crimes, temos todos que continuar a viver juntos. A compartilhar este mundo. Este tempo que nos deram. A de vocês, ao contrário, é uma sociedade violenta — diz. — Que exclui. Vocês têm o bem e o mal. Você está dentro ou está fora. E por acaso — diz — no fim ficam de fora sempre os pobres. Os negros.

— Os muçulmanos — diz.

— E a xaria é suficiente. Uma sociedade não precisa de mais nada. Porque o Islã tem uma solução para tudo. Claro, não para cada detalhe — diz. — Porém aponta a direção. Uma direção inequívoca: porque o Alcorão teve progressos em todos os campos. Considera os não muçulmanos. Em troca de uma taxa, viviam livres: em uma época na qual a Europa tinha a Inquisição. Enquanto a Europa tinha Hitler, Bagdá tinha uma maioria hebraica.

— Na realidade — diz —, temos todos uma religião. Princípios incontestáveis. Não crer é um ato de fé tanto quanto crer. Que diferença existe entre o Irã, que prescreve o hijab e te força a se cobrir, e a Turquia, que, ao contrário, proíbe o hijab e te força a não se cobrir? — diz.

— Mas aqui — digo — é muito mais que um hijab. Vocês estão todas de preto. Da cabeça aos pés. Experimentei o niqab e, juro — digo —, não consigo andar.

— Porém — diz — com um salto de dez centímetros você conseguiu aprender? Com um salto de dez centímetros você também não consegue andar. Ninguém me obriga a me cobrir. Sou eu quem me obriga, é o contrário: sou eu quem obriga quem se dirige a mim a me julgar pelo que sou, e não pelo que pareço ser.

— Você — diz — depende dos homens muito mais do que eu. Vocês querem nos libertar — diz, com sua voz gentil. — E nós queremos libertar vocês.

— É isso — diz.

E me oferece uma espécie de bola verde com um furo, e depois um canudo: deduzo que é algo para beber. Na realidade, minha atenção está toda em um planisfério. As Maldivas ficam no centro. E, portanto, a Europa fica à esquerda e a América à direita. — Parece outro mundo — digo.

Diz: — É outro mundo.

E tem razão.

Himandhoo são palmeiras, só palmeiras e areia, indecifrável: vendo o que está dentro que parece sobreposto ao que está de fora, indistinto, você entende que tem uma casa, ali, só pelo lençol surrado que ondeia ao vento, não é um lençol, é uma porta. E, atrás, esses quintais que parecem um ferro-velho: um balde, uma roda, uma canoa, um cesto de máquina de lavar, boias, cordas, chinelos, um rádio, um tanque amarelo, tudo jogado, assim, como restos de uma ressaca do mar. Sob uma torneira, duas frigideiras e creme de barbear. Uma maçã. Ninguém nunca podou as árvores aqui, nem aparou touceiras e arbustos, nem limpou os galhos e as folhas, os cocos: ao se entranhar no verde, nessa areia listrada de raízes, de vez em quando, você vai simplesmente encontrar uma casa.

Com essas mulheres que te olham, furtivas, por debaixo do niqab.

Completamente cobertas.

Completamente vestidas de preto.

Até as meninas.

Elas te olham e desaparecem para dentro de casa.

Em uma casa que muitas vezes não é uma casa, na realidade é uma aglomeração de tijolos de concreto e o que apareceu, lâminas, vigas. Esteiras. Painéis de compensado. Entre esses ruídos estranhos, que você nunca ouviu, esses gritos de animais que você nunca viu.

Uma espécie de hamster com asas e também serpentes, iguanas, corvos. Centenas de corvos.

Caranguejos.

Cada concha, cada pedra, aqui, na realidade, vive.

De dia estão todos no mar, pescando. De dia, Himandhoo fica deserta. Só tem essas três, quatro lojas minúsculas, que vendem um pouco de tudo, arroz, lentilha, leques, molduras, um par de patins, sem lógica alguma, limpadores de para-brisas. E também um café. Um café de paredes azuis, corroídas pelo sal. Pequeno: um café de dois cômodos e um jardim, com mesinhas de plástico e um balcão com quatro vasilhas e quatro tipos de bolo.

Todos de coco. Ou também sanduíches de peixe.

Não tem mais nada.

A única diversão aqui é um mínimo de esporte. Moços e moças separados, obviamente. Os homens jogam futebol, as mulheres jogam bashi. São duas equipes e uma quadra retangular com uma rede no meio, baixa, como uma quadra de tênis. Parece um pouco com o beisebol, uma equipe tem que agarrar a bolinha jogada pela batedora da equipe adversária, que fica de costas na outra metade da quadra, sobre uma plataforma. Com uma raquete.

Uma raquete e o niqab.

Não tem mais nada em Himandhoo.

Ter vinte anos, aqui, deve ser terrível.

À noite não tem ninguém na rua. Só o barulho do mar e essa luz estranha, porque as casas estão sob o manto verde das árvores, e você não vê janelas, não vê lâmpadas ligadas: só o reflexo da claridade das estrelas nas antenas parabólicas, como um céu de prata.

Só essa luz que não é dia, não é noite.

Como tudo, aqui: só essa luz que na realidade não saberia dizer que luz é.

Kyle também fica a noite toda na internet. No Skype. A esposa voltou para a Itália para o nascimento do primeiro filho deles, Jacopo. E decidiu que não vai voltar. Ele fecharia o Palm Beach amanhã, se fosse por ele, amanhã de manhã, e se mudaria para a Itália, se for melhor para a esposa, mesmo que na Itália tivesse que recomeçar do zero, do que for, não se sabe bem, por causa da crise atual: mas está pronto para fechar tudo e inventar outra vida para si, uma vida de garçom, de pedreiro, qualquer coisa — o importante é que seja uma vida perto do filho. Mas até agora não pôde nem mesmo registrá-lo. Dar a ele o seu sobrenome. Pelo que entendi, a esposa teme que Kyle, um dia, possa levá-lo embora. No fundo, sabe? É muçulmano: quantas histórias não se escutam de mães barricadas nas nossas embaixadas? De filhos roubados pelos pais. E, então, uma pessoa, para não deixar que roubem seu filho, o rouba primeiro.

Kyle fica todas as noites na frente do Skype. Todas as noites. A noite inteira.

Aguardando uma chamada.

Na realidade foram Andrea e Stefania que me contaram tudo. Kyle, esquivo, diz somente: — Estou verificando o e-mail. Estou dando uma olhada nas reservas e já vou dormir. — Diz que está preocupado com essa nova lei sobre a qual se discute, mais uma lei para inibir as pousadas: impõe que haja um mínimo de dez quartos. E aqui são somente três.

Diz que precisa fazer uns cálculos.

E te mostra a calculadora. As pastinhas com faturas e boletos.

Mas você vê que fica ali, até tarde. Uma. Duas.

Na frente da tela. Esperando uma chamada.

Mesmo não sendo só ele, na realidade.

Porque ficam todos no Skype, aqui, à noite.

Mas falando com outros países. Falando com o Afeganistão, o Paquistão.

A Síria.

— Pode me chamar de Mohammed — me diz de Aleppo um rapaz de uma ilha aqui perto, como me disse outro veterano da Síria, em Sarajevo, as mesmas palavras, um rapaz que me disse: «Pode me chamar de Mohammed. Já que para vocês somos todos iguais. Todos os muçulmanos», me disse. «Para vocês somos todos violentos, ignorantes. Fanáticos somente.» — E, afinal, por que você foi para a Síria? — me diz o Mohammed de agora. — Para acabar com a guerra — digo. — Ou, enfim, algo parecido. Para que alguém pudesse saber e pudesse acabar com a guerra — digo. E, como o Mohammed de Sarajevo, esse me diz: — Viu? Fomos para a Síria pela mesma razão. Só que eu prefiro as ações às palavras.

E depois diz: — Só que você é branca e é uma heroína. Eu sou um assassino.

— Porque sou muçulmano — diz.

— Porque é essa a única diferença — diz. — Porque, aqui, não somos os únicos estrangeiros, não. Porém, para vocês, os europeus que combatem contra os curdos combatem pela liberdade. E na verdade eles combatem a guerra deles. Como nós. Como todos — diz. — Os curdos querem um Estado, nada mais. E em troca da autonomia se prontificaram a se aliar a Assad. A trair todos. E para quê? Para construir um Estado democrático? Porque eles têm petróleo. Só porque têm petróleo. E querem gerenciá-lo sozinhos. É isso. E por isso — diz — são amigos de vocês, não porque são os paladinos da liberdade: porque têm o petróleo. — Porque o petróleo está quase todo no norte do Iraque. — E nos tempos de Saddam foram com certeza perseguidos e exterminados: mas, agora que é a vez deles, se livram dos árabes do mesmo jeito. Combatem só onde lhes convém combater. E não sou a única pessoa a dizê-lo — diz. De fato, a Anistia Internacional o diz também. Os curdos combateram contra os jihadistas só no interior dos confins daquele que queriam que fosse o Estado deles. E parece que algumas cidades, de maioria árabe, foram incendiadas depois de terem sido reconquistadas. Não antes. Para evitar que os refugiados voltassem. — Todos escrevendo sobre as moças curdas. As moças do front. Por acaso já leu sobre Sulaymaniyya? Você já escreveu algo sobre Sulaymaniyya? — pergunta. — Não — digo. — Mas queria ter escrito. — E, no entanto, não escreveu nada — diz. — Queria ter escrito — diz. — E, porém, não era uma prioridade sua. — Sulaymaniyya fica no Iraque, e é como a capital cultural dos curdos. E da circuncisão feminina: é praticada em muitíssimas mulheres. — Esses fatos nunca são a prioridade de vocês — diz.

É uma tradição local.

Não dos curdos. Uma tradição da área de Sulaymaniyya.

— Contra Assad vocês ficaram olhando. Com 500 mil mortos: ficaram olhando. Mas foi só mexerem com Mossul, que todos intervieram. E por quê? Porque o petróleo está em Mossul. Porque é esta a prioridade de vocês. O petróleo.

— Se tivéssemos fundado o califado em Angola, ninguém saberia — diz.

Ouvimos um avião, passando perto dele.

Ouvimos tiros de artilharia. Umas vozes. Uma explosão.

— Sobre Sulaymaniyya você nunca escreveu — diz. — Mas com certeza escreveu sobre Abu Sakkar — diz. Que não era um jihadista, na realidade. Abu Sakkar combatia com os rebeldes. Com o Exército Livre. E a sua foto rodou o mundo, sim: uma foto na qual fazia um banquete com o coração de um inimigo morto. Eu escrevi sobre Abu Sakkar, é verdade. Todo mundo escreveu sobre Abu Sakkar. Assim como todo mundo escreveu sobre o cara de Birmingham que comprou o manual da xaria no aeroporto. Antes de viajar. Ou sobre aquela que perguntou se em Raqqa tinha máquina de lavar. Ou o jihadista sobre quem eu lia ontem: na Jordânia, ele tinha organizado um atentado em um cinema pornô, mas se distraiu, completamente envolvido pelo filme: a bomba explodiu em cima dele. Acabou sendo o único ferido. Sim, escrevi sobre Abu Sakkar. Ainda que depois nove entre dez dos que você encontra, na Síria, no Iraque, na Bósnia, sejam como Mohammed, e no entanto escrevi sobre Abu Sakkar, e sobre o cara do manual, e sobre a moça da máquina de lavar, porque — porque é assim o jornalismo, hoje.

O mundo não é assim: mas é assim quem conta o mundo.

— Vocês se concentram sempre nos casos especiais. Nos idiotas. Nos desequilibrados. Como se o exército americano fosse todo como aqueles soldados de Abu Ghraib. Mas, é claro, essa é uma guerra. E guerra é guerra. Represálias. Execuções. Mas não somos mais selvagens que os outros, não — diz. — De forma alguma. — Diz: — Se tivéssemos drones, nós também destruiríamos vocês com um controle remoto. Sem um resquício de sangue. Mas a pena de morte, por exemplo. Ou as chibatadas. São usadas mais frequentemente em Estados menos consolidados: pois é um momento de anarquia geral, e não existem meios para patrulhar cada rua, para controlar tudo. Fuzilando uma pessoa, você adverte todos. Depois, com o tempo — diz —, os métodos mudam: porque a sociedade muda. E então não importa se a pena for dura — diz. — Importa que se siga a regra. E com a gente você sabe perfeitamente o que é proibido e o que é consentido. Você estava aqui quando Aleppo era governada pelo Estado Islâmico: e ninguém nunca mexeu com você.

— Você é a prova do que é a xaria — diz.

Na realidade, era 2013. Era o Estado Islâmico: mas ainda não era o califado. E, acima de tudo, estávamos numa situação-limite: o único jeito, para conseguir um pedaço de pão, era ir à mesquita. Os jihadistas tinham tudo. Tinham arroz, açúcar. Tinham até carne. Até água: a gente só tinha água de chuva. Mas é verdade: os que vivem sob os jihadistas dizem isso. Dizem que, pelo menos, as regras são claras. E que, se você respeitar as regras, ninguém te incomodará. Porém, depois, honestamente, dizem outra coisa também. Dizem: Deixem que governem, pois governam tão mal que se derrotam sozinhos. Dizem: Não precisa bombardear. Daqui a três meses, todo mundo vai se revoltar contra eles.

— É cedo para dizer. O que é certo é que nem Assad governa. Nem agora nem antes. Do que estamos falando? Quando começou a guerra, os sírios estavam passando fome — diz. — E é por isso — diz — que se começa uma guerra. E Gayoom? — diz. — Governa? E al-Sisi? No Egito você passa fome, se protestar, desaparece... Governa, al-Sisi? O que governa? Os seus negócios.

— Mas — digo — vocês já estão recuando em todos os lugares. Perdendo uma cidade depois da outra. Está ouvindo isso? — pergunto.

— O quê? — diz.

As explosões: faz uma hora que estamos conversando e faz uma hora que tudo explode ao redor dele, mas é como se não fosse nada. Ele nem percebeu.

— Vai chegar o dia em que Mossul vai cair, claro — diz. — Como vai cair Raqqa também. E talvez Aleppo, um dia: o mundo todo está contra. E então? — diz. — O que conta não é a crônica, é a história. A direção da história. Antes do Onze de Setembro, o Islã não existia para vocês: hoje estamos nas primeiras páginas do mundo todo. Hoje Hamtramck tem uma maioria muçulmana. E fica perto de Detroit: é uma cidade americana. Não olhe a crônica, olhe a história — diz. — Porque a direção da história é clara.

— No fundo, de onde vem al-Baghdadi? — diz. — Da derrota de Bin Laden. Mas ninguém no início teria apostado um centavo em Maomé, e nos primeiros anos foi tão perseguido que foi forçado a ir embora de Meca. Para triunfar em Medina: é a nossa história. A derrota não é a perda de uma cidade, nem que seja uma capital, não é a perda de um califa, nem de um exército inteiro: é a perda da vontade de combater.

— Vocês ficam todos atrás de Israel — diz. — Todos estudando seus métodos. Comprando a sua tecnologia, os seus sistemas de vigilância. E, de fato — diz —, é justamente o país com o qual aprender. Faz setenta anos que controla os palestinos um por um. Eles têm espiões, câmeras. Postos de controle em todo lugar. Sabem tudo de todo mundo. E não têm limites: ninguém fala nada, podem atirar contra qualquer pessoa. Mesmo assim, ainda estão aí: incapazes de deter uns meninos com umas pedras — diz. — Sim, sim, é mesmo o país com o qual aprender... porque na guerra não ganha o mais forte. Nunca. No final, vence quem estiver com a razão.

— O Onze de Setembro custou 500 mil dólares. Paris, Bruxelas, poucas balas. A segurança não vem das armas, é inútil — diz. — Vem da justiça.

— Mas como você era — digo — antes do Islã? Ou seja. Antes de se tornar praticante. Vamos colocar dessa forma. Considerando que vocês gostariam que todo mundo fosse muçulmano. Que todo mundo se convertesse. Você era como? — Eu era como você — diz. — Vagava. Vagava, vagava. Estava tudo na minha frente, estava tudo ali, muito claro: mesmo assim eu não entendia. Achava que eu era o problema. Que eu era quem estava errado, quem não achava espaço. E, no entanto, o problema era o sistema. Não eu — diz. — O sistema.

Pergunta: —Já esteve na Grécia?

Explodem três bombas, uma bateria.

Perto. Escuto também um desabamento, gritos. Uma metralhadora como resposta. Um avião, baixo. Mais uma bomba. Outra, ainda.

— Na Grécia? — pergunto. — Com os sírios?

— Não — diz. — Com os gregos. — Pergunta: —Já esteve na Grécia?

—Já estive na Grécia, sim.

Estive na Grécia pelos refugiados.

No amanhecer, no porto, em Atenas, no Pireu, atracavam essas balsas chegando das ilhas. E os sírios, os iraquianos, os afegãos se dirigiam rápido para o metrô, para o centro, para viajar logo para o norte, para a Alemanha. Para a Suécia. Depois de poucas horas, nas ruas ao redor, no chão, no sol, ainda dormindo sobre papelões, só ficavam os gregos. Magros, em condições péssimas, com a pele gasta: juntavam uns trocados vendendo tudo que achavam. Rádios velhos, celulares velhos, roupa velha, sapatos furados, um secador de cabelo. Uma furadeira. Um frasco de perfume pela metade.

Estive na Grécia, sim.

E ao meio-dia ficavam todos enfileirados na frente de uma igreja. Em um refeitório. Todos idênticos a você, na fila, sem falar, o olhar baixo: com tênis All Star e mochila Eastpak como a sua. Havia um senhor distinto, que parecia um professor universitário, de terno cinza, pasta de couro. E uma mocinha de não mais de catorze anos. De óculos, cabelos pretos, um livro sob o braço: com o ar de quem passou por ali ao sair da escola. Passou para mendigar uma vasilha de arroz e frango e um pedaço de pão.

Estive na Grécia. Sim.

— E, no entanto, aquela não é a Grécia — diz. — Aquela é a Europa. Aquela é a sua geração. Todos sem trabalho, sem direitos: mas todos calados. Todos servos. Todos um contra o outro — diz. — Hoje no mundo uma minoria da população possui tudo. Quanto será? Dez por cento? E não é que vocês pensam que o mundo, assim, não pode funcionar: vocês pensam que querem estar naqueles 10%. Depois você diz para mim: violento. Você tem a guerra em casa.

— Talvez, no fim, fracassemos — diz. — Mas pelo menos nós tentamos.

Mais uma explosão.

— Quinhentos mil mortos, e você me pergunta por quê. Por que estou aqui — diz.

— Eu era assim. Era como você — diz. — Não entendia.

— Estava tudo na minha frente, estava tudo ali, muito claro. Mas eu nada — diz —, não entendia.

— Não entendia mesmo. Era como você — diz. — Não entendia mesmo.

Mesmo que, na realidade, em Himandhoo, nem todos estejam tentando desse jeito, indo para a Síria. Alguns estão tentando ficando aqui.

E abrindo um café.

Se chama Chucks, e está quase pronto. Todo de madeira, de madeira clara. São dois andares. Quatro rapazes estão parafusando as últimas tábuas e montando as mesas. Queriam um aparelho de som, mas não deixaram. A música aqui é proibida.

— E vamos obedecer, porque não temos alternativa — me diz um deles em um canto, meio escondido. Não poderíamos conversar: não somos casados. — E, no entanto, muito depende de vocês — diz. — De vocês ocidentais. Tem ainda muita desconfiança, é verdade. Mas tem também o entendimento de que não é mais possível viver só da pesca. Viver de nada. Se vocês vierem para cá como foram para Maafushi, com aquela cabeça, se vierem aqui para dizer: Eu pago, e por isso se faz como eu digo, vamos ser forçados a fechar — diz. — Mas, se estiverem minimamente atentos à nossa cultura, dispostos a entendê-la, a respeitá-la, vão ajudar a salvá-la — diz.

Porque não entende o Islã como cultura. Ou melhor: não só o Islã. Nas notas de cinco rupias maldívias, aqui, está o tambor tradicional das Maldivas.

A música é parte das Maldivas tanto quanto o Islã.

— Quando eu era pequeno — diz — organizávamos festas. Sempre.

— Se lembra? — diz. — Fitas cassete. Eu tinha todas as fitas cassete do Queen. Do The Doors.

Diz: — Minha mãe, por exemplo. Não usava o véu.

Diz: — Se visse Himandhoo, vinte anos atrás. Como era diferente.

— Como era viva — diz.

E, enquanto fala, me lembra um pouco de Gaza. Um dia, durante a última guerra. Em 2014. Um dia em que pensei em procurar umas velhas fotos de Gaza, porque um tempo antes, por acaso, tinha visto essa foto de uma moça, nos anos 1960, em um café. Uma moça de minissaia, com cigarro. Os cabelos daqueles anos. Em Gaza: parecia Paris. Sorbonne. E em vez disso era Gaza. E então pensei nesses retratos dos palestinos: com uma velha foto deles na mão, a mesma pessoa, no mesmo lugar, mas entre os destroços da guerra, agora. E do Hamas. Da vida sob o Hamas. E, porém, não encontrei nenhuma foto. Entre bombardeios e demolições, transferências, fugas, em Gaza ninguém mais tinha uma foto. Ninguém.

Nem sequer uma.

E a essa altura fica simples para o Hamas, para a al-Qaeda, para qualquer um, dizer: Voltemos ao passado. À tradição. Deus nos chamou de volta à vida de antes.

Voltemos a quando todas usavam o véu.

— Só que — digo — aqui não teve nenhuma guerra. Nenhuma fuga. Nenhuma demolição.

— Por que é tão fácil, aqui, mudar a história? Reinventar a história? — pergunto.

— Por que não pega uma foto da sua mãe? — pergunto.

— Não teve guerra — diz —, mas teve a Arábia Saudita.

Muitíssimas escolas, aqui, são financiadas pela Arábia Saudita.

— E, depois — diz —, é ainda mais insensato porque não é necessário. Nós não somos a Somália. Temos milhões e milhões de dólares. Temos um dos mais sofisticados observatórios astronômicos do sudeste asiático. Mas não é para os estudantes, nem para os estudiosos: é para os turistas.

Fica em um resort.

E, porém, o problema não é o Islã, diz:

— Nos dias da praça Tahrir, os primeiros dias da Primavera Árabe, vocês ficaram todos surpresos que os jovens de vinte anos no Cairo falassem inglês, fossem formados. Vestissem a mesma roupa que vocês. Eram os rapazes, «ocidentalizados», certo? Os melhores do Egito. E a mesma coisa aqui, com Nasheed. Com os seus apoiadores — diz. — Mas não. Ficar contra a al-Qaeda não significa ficar do lado de vocês. E por que deveríamos? Para vocês não existe mais nada. Só o estilo de vida de vocês, o tipo de economia de vocês. De sociedade. Todo o resto não conta. Todo o resto é atraso. Mas o modelo de vocês não funciona. Se vocês têm tudo, é porque os outros não têm nada. Não porque vocês são os mais inteligentes, mas porque são os mais fortes. Porque são os patrões. E usam só para vocês os recursos de todos. Não quero ficar na massa dos explorados. Mas, honestamente, também não quero pertencer à minoria dos exploradores.

— Não concordo com nada da al--Qaeda. Nada — diz. — Mas o califado, os atentados, são todas soluções erradas para problemas válidos — diz. — Problemas verdadeiros.

— Não olhe as respostas dos jihadistas — diz. — Olhe as perguntas. Porque são as perguntas de todos.

— Sabe qual é uma das coisas mais humilhantes para quem não é branco? — diz. — Que todos te perguntam se você gostaria de viver na Europa. Aliás — diz —, está implícito. Os ocidentais pensam todos que, se você é cortês, é porque está esperando uma ajuda para se mudar para a Europa. Mas eu não gostaria nunca de morar na Alemanha. Na Suécia. Gostaria de esquiar, sim. Nunca vi a neve. Mas quantos de vocês gostariam de se mudar para cá? São sociedades tão diferentes. Eu escolheria a Índia, no máximo. Mas não a Europa. O mundo é muito mais do que isso. Vocês não são o sonho de todos. Não são perfeitos. Na sua opinião, um iPhone como o seu é só o que eu quero da vida? Na sua opinião, a mudança que quero — diz — é realmente essa? Vocês não são os melhores — diz. — Acima de tudo, não são os únicos.

— O problema, aqui, não é o Islã. O problema são vocês — diz.

Diz isso assim. Seco.

«O problema são vocês.»

E, porém, tem esse modo estranho de dizê-lo: de certa forma, com gentileza. Enquanto duas mulheres fixam o olhar em mim, por debaixo do niqab. Como sempre. Completamente cobertas.

Completamente vestidas de preto.

Em Malé todos têm medo de Himandhoo. Todos dizem que não se deve ir para lá. Dizem: É perigoso. Mas aí você chega e encontra quatro italianos. Quatro italianos de férias. Estão sempre com Kyle, o dia inteiro. E à noite também: nunca sozinhos. Mas, afinal, estão aqui. Vivos.

De férias.

Entre essas casas indecifráveis. A mesquita de Fareed fica na orla, bem na frente do cais, é uma espécie de galpão de concreto. Retangular. Já não é uma mesquita, agora, é um depósito. As janelas muradas com painéis de compensado. Difícil imaginar que anos atrás tenham proclamado um emirado, aqui dentro: entre esses sacos de juta todos desfiados, sobre esse piso de areia e farinha. Lembra um pouco Molenbeek. Em Bruxelas. Porque no fim Molenbeek fica só a vinte minutos do centro, tem uma rua, reta, que aliás é também uma das ruas mais na moda em Bruxelas, a vinte minutos da Grand Place: Molenbeek não é periferia — de forma alguma, é um bairro como mil outros. E, no entanto, só tem mesquitas. Você não percebe nada. Porque você não vê cúpulas, não vê minaretes, são apartamentos normais: mas depois você levanta a cabeça, numa sexta-feira, e no segundo, no terceiro andar, você percebe que estão todos ajoelhados em direção a Meca.

São todas salas de oração.

E, honestamente, é o que mais emociona. Toda vez. Não só em Molenbeek. Porque o tempo todo você imagina que é um lugar perigoso. Com Jihadi John, ali atrás, na esquina, pronto a te decapitar. E porque, no fundo, seria muito mais reconfortante, em certo sentido, não é?, se fossem todos como Abu Sakkar. Se aparecessem na sua frente com o manual de xaria, perguntando se em Raqqa tem máquina de lavar. Todos meio desequilibrados. Seria muito mais fácil.

E em vez disso estão lá debatendo sobre a Grécia.

E você, de uma maneira ou de outra, está aqui.

Mesmo perto, até com quem falam, à noite, no Skype.

Kyle está sempre ali. Na frente da tela.

— Mas por que não procura um advogado? — digo. — Você é o pai. Conta tanto quanto a mãe: é um direito seu reconhecer seu filho. — Ele me olha. — Em que sentido? — me pergunta. Fala italiano: mas nunca morou na Itália. Conhece as nossas leis tanto quanto nós as leis das Maldivas. — Procure um advogado — digo. — Não é um caso complicado.

Digo: — É um direito seu.

Diz: — Não sei por onde começar.

Diz: — A lei, na realidade, depende. Depende de você ter força para poder aplicá-la.

— Mas, e você — diz —, por que não dorme?

— Aleppo — digo. — Estou lendo as notícias de Aleppo.

Que no fim são sempre iguais.

Faz cinco anos que não durmo.

Abro o livro que comprei em Malé. Muhammad Salih al-Munajjid, *Problems and Solutions*. Os problemas que ele resolve, na realidade, são apenas cinco. Porém o quarto é: «Ficar acordado até tarde». Que é um problema sério, diz o livro: porque então você pula a oração da manhã. Segundo o Alcorão, no entanto, em algumas circunstâncias saltar a oração pode ser relevado. Por exemplo, se você estiver viajando. Ou se estiver vigiando. Se for um jihadista. Mas, se, ao contrário, você ficar acordado assistindo à televisão ou jogando playstation, ou pior, diz, coisas que nem queremos nomear, diz, é um problema sério: ou você pula a oração, ou fica lá sem entender nada do que o imame diz. E ainda vai bocejar o tempo todo. Vai ficar cansado na escola. Cansado no escritório. A eletricidade, diz, é um desastre. Antes, no escuro, você era forçado a dormir: agora você acende a luz. E isso altera o ciclo da noite e do dia.

Altera a vontade de Deus.

E então. As soluções. Case-se, assim a sua esposa vai te forçar a ficar com ela, e você não vai mais poder ficar por aí com seus amigos. Mas, sobretudo, diz, se ocupe dos problemas do mundo. Assim você vai entender que não tem tempo a perder. Que ao amanhecer todo mundo tem que estar acordado e pronto.

E não dormindo.

E, de fato, não é tão tarde assim, e já não tem ninguém na rua quando volto à praia. A essa atmosfera de prata. Vasculho a areia, sutil, clara, essa areia diáfana na luz frágil da noite, enquanto da escuridão das árvores, por vezes, ainda fluem bulícios, crocitos. Pois toda concha, toda pedra, aqui, na realidade, tem vida.

Nessa areia que desvanece entre os meus dedos. Não parece, mas é um mundo.

Hoje, aqui mesmo, tinha uma mãe com suas duas filhas. Duas meninas de uns quatro, cinco anos, com o balde e a pazinha, as forminhas, uma com uma camiseta de listras brancas e azuis, a outra com uma camiseta amarela e rabinhos com elástico vermelho. A mãe completamente coberta. Completamente vestida de preto. Sorriu para mim, gentil, não falava inglês, ou seja, na realidade eu não falava dhivehi, e então me sorriu, gentil, enquanto brincava com as filhas; riam, alegres, todas as três, jogavam areia umas nas outras e... e quem sou eu, para julgar? Para decidir que não é livre uma mulher assim? Por que eu? As minhas escolhas: o quanto são minhas de verdade?

Seja como for: o que sei sobre ela, no fim? Sobre tudo isso?

Não sei nada.

Em certo momento, enxergo uma moça. Ou melhor, uma sombra, na sombra. Por baixo do niqab. Aproxima-se e me diz: — Era você que queria o chapéu, certo?

— O chapéu?

— O chapéu tradicional das Maldivas, sim. É você, certo? Ficou pronto.

— É mesmo? — digo. — Obrigada.

Pensava ter vindo aqui por acaso. Só porque ainda estava acordada.

E no entanto.

Tudo tem um sentido.

— Obrigada — digo. — Obrigada, mesmo.

E me dá um chapéu branco. Um taqiyah.

O chapéu... O chapéu, aquele dos salafitas. Aquele que Maomé usava.

Branco. De algodão.

Ela me olha. E me diz: — Vai voltar para a Síria, agora?

— Coragem — me diz.

Ela me diz: — Que Deus te abençoe.

Malé, de novo

— Ei… Ei, com licença!

Um rapaz me para, na rua. — É você mesma? — diz.

Diz: — Me falaram que você estava nas Maldivas. Posso te pedir um autógrafo? — diz. E saca da bolsa o meu livro sobre Aleppo.

Me passa uma caneta.

— Posso te pedir também outra coisa?

— Claro.

— Um conselho. É que já estou no último ano, agora. Acabei.

— O que está estudando?

— Economia. Sim, sei que é algo um pouco diferente. Mas eu estava pensando…

— Mas, na realidade, não, não é isso. Nem estudei jornalismo. Não, é que… Não sei, é um momento meio de crise. Depende. Mas você escreve? Ou fotografa?

Ele me olha.

— Estava pensando em ir para a Síria.

Dá uma olhada na dedicatória.

— Ou talvez, o que acha? Talvez seja melhor aguardar.

De fato, Aleppo está prestes a ruir.

Tudo está prestes a ruir, aqui.

Olho para ele.

— Quem sabe me formo, antes — diz.

— Com um diploma — diz — sou mais útil.

Malé é a de sempre. Tórrida, repleta de homens e motos. Perturbadora.

Sentia que algo faltava, contudo. E agora, de repente, entendo o quê: falta o mar, aqui. As ruas são tão estreitas, são ruelas, mais do que ruas, e são tão ocupadas, tão lotadas, sem um centímetro livre, que não dá para ver o mar.

Só dá para ver o concreto.

Apesar de nesses dias Malé não ser bem a de sempre. Nas últimas semanas tinha uma equipe da al-Jazeera na rua, e ontem passaram na TV uma hora de reportagem sobre o presidente Yameen e os seus fidelíssimos. Sobre violência e corrupção. Não se fala de outra coisa na cidade: muitos dizem que é tudo um complô para derrubar Yameen. Mesmo Yameen, na realidade, tendo chegado ao poder com um golpe. Ou melhor: depois de um golpe. Porque foi eleito, sim, mas depois do golpe que derrubou Nasheed. Que agora está refugiado em Londres — e por isso é acusado de enviar, de Londres, jornalistas estrangeiros para cá. Em 2015 foi condenado a treze anos por terrorismo. Dois dos juízes foram também testemunhas. Não foram admitidas testemunhas para a sua defesa: já que, disse a corte, ninguém poderia refutar provas tão evidentes.

Mas, dado que estamos nas Maldivas, e não em um regime qualquer, a advogada de Nasheed é Amal Clooney. A do governo, Cherie Blair.

O encontro com Ibrahim Waheed, conhecido como Asward, é em um café perto do parlamento. Entramos e, por instinto, sem falar nada, nos dirigimos à mesa do fundo: costas na parede. Asward é um dos mais famosos jornalistas das Maldivas. E ser jornalista, nas Maldivas, significa isso: olhar por onde anda.

Na realidade, parece um diplomata. Está com uma belíssima camisa celeste alveolada, elegantíssimo, os botões costurados com linha vermelha. Paletó de alfaiataria. Dois anéis. É uma daquelas pessoas para quem gostaria de perguntar onde comprou o relógio, um relógio de aço, preto, minimalista, que qualquer um gostaria de ter. É alguém com quem gostaria de falar sobre isso, sobre motos, sobre barcos: sobre a vida. Em seguida, porém, ele passa uma mão na têmpora, distraído, e você percebe as cicatrizes. Perdeu um olho. Tem um punho inutilizado. Problemas no joelho.

E tem 26 anos.

Escreveu um texto sobre Gayoom. Começaram as chamadas anônimas costumeiras, as ameaças costumeiras, mas, antes que pudesse avaliar o quanto eram sérias, foi atacado com barras de ferro. No vídeo, que ainda está no YouTube, ele aparece em uma maca todo enfaixado, todo roxo. Semiconsciente. Quase não parece se tratar de um homem. Colocaram-no em um helicóptero e o enviaram para um hospital no Sri Lanka, convencidos de que morreria. E no entanto ele não somente sobreviveu: voltou para Malé.

E voltou a escrever.

No segundo vídeo que me mostra, tem um rapaz, na praça, que assiste a uma manifestação. É ele. Mas também um policial percebe que é ele: do nada, se joga em cima dele, logo seguido por outros policiais. Eles o espancam com muita violência. Pergunto para ele quantas vezes foi preso, e, como os ativistas do mundo todo, me responde: — Não lembro. Seis, acho. Ou talvez sete. Não sei. Se quiser eu vejo e depois te falo.

— As nossas Maldivas — diz — são totalmente diferentes das de vocês. Muitos de nós nunca estiveram em um resort. Nem nunca estiveram fora do atol no qual nasceram: o transporte público aqui até poucos anos atrás não existia. As nossas Maldivas são Malé. São o concreto. O concreto e a violência. A escola obrigatória termina aos dezesseis anos. E então antes de começar a universidade você tem dois anos livres: dois anos em que muitos, simplesmente, ficam na rua o dia inteiro. Até porque as casas, você viu como são. Em geral não são casas. Você acaba em uma gangue mesmo sem querer: a gangue é a organização social de quem tem vinte anos. E cada gangue está ligada a um político, cada político está ligado a um empresário: é todo um sistema. Embolsam os milhões de dólares do turismo e compram o silêncio e a conivência geral com gorjetas e propinas.

— Esta que você vê — diz — é uma falsa economia.

De fato, nestes últimos anos desapareceram mais de 100 milhões de dólares dos cofres públicos. Os jornalistas da al-Jazeera conseguiram se apoderar de três iPhones de Ahmed Adeeb, o vice-presidente. Um cara de aspecto pouco amigável, agora na cadeia. Tem só 33 anos, mas já foi ministro do Turismo: o gabinete-chave das Maldivas. Nas mensagens, se define «o chefe de todas as gangues». «São minha frota», escreve. «Operam sob meu comando.» É um cara meio gordo, suado, retocado, carregado de ouro: estilo Scarface. Nas mil selfies que tirou, está jogando bola na praia com um bermudão vermelho florido. Basicamente, nos últimos anos as ilhas foram cedidas como concessão, abaixo do custo, a empresários estrangeiros. Em troca de propinas. Maagau, por exemplo: custou 2,5 milhões de dólares, um quarto do seu valor. E sem licitação pública.

O dinheiro foi depositado para uma sociedade registrada em nome de um parente de Ahmed Adeeb.

Agora três dos rapazes que entregavam pacotes de dólares por toda Malé, por causa do grupo de Yameen, contaram tudo diante das câmeras da al-Jazeera. Na realidade, eram coisas conhecidas, aqui. Mas ninguém nunca investigou. Ou melhor: o presidente do Tribunal de Contas investigou. O qual, porém, não imaginando o nível do conluio, entregou todos os papéis ao próprio Yameen.

E foi logo tirado do cargo. Ahmed Adeeb escreve ao chefe das forças especiais. E o diálogo é mais ou menos este: «Concentre-se um pouco nesse cara», diz para ele. «Claro», responde o outro. «Talvez devêssemos queimar o seu escritório», diz Ahmed Adeeb. «Não», diz o chefe das forças especiais. «Tem muitas câmeras.» «Está bem, vejam vocês como fazer. Façam-no ir pelos ares.»

É um escritório no qual trabalham duzentas pessoas.

Por outro lado. A quem entregar os papéis? Com quem falar? O presidente da Suprema Corte, Ali Hameed, um cara que usa uma espécie de peruca vermelha, o cara que se vê em outro vídeo, de calção branco em um quarto de hotel no Sri Lanka com duas prostitutas, e para uma mulher teriam sido cem chibatadas, a respeito disso, e bem na frente do tribunal do qual é presidente, bem debaixo das suas janelas, escreve: «Não deixaremos que destruam Yameen».

«Permaneceremos soldados até o fim da missão.»

E, para os que são assim, o perigo número um parecem ser os jornalistas. Em 2013, os estúdios da Raajje TV foram incendiados. Mas depois de um tempo as transmissões recomeçaram. Ahmed Adeeb pede ao chefe de polícia que a ataque novamente. E ele responde que não, é inútil. Que faz mais sentido ameaçar os financiadores. E Ahmed Adeeb não tem nada a objetar. Pede que passem a lista.

Você é completamente vulnerável, aqui.

Completamente só.

Rilwan desaparece e Yameen um dia escreve ao ministro do Interior. Mas não lhe diz para investigar: lhe diz para não ficar pensando demais nisso.

— Seja quem for a se opor, aqui, é punido. Seja quem for. Essas são as nossas Maldivas: um país em que todos temos medo. E agora você entende — diz Asward — por que os jihadistas são tão fortes. Nos anos de Gayoom, foram todos presos. Todos com a mesma acusação: violar o Alcorão. Não serem verdadeiros muçulmanos. Te contaram, certo, sobre Fareed? Não mora mais em Himandhoo, mora aqui, agora. Pergunte por aí. Pergunte quem é Fareed: ninguém vai te falar do califado. Dirão que é alguém que foi maltratado e humilhado por anos. Alguém de quem, na cadeia, raspavam a barba e depois esfregavam pimenta. Para muitos, homens como Fareed eram e ainda são o símbolo da batalha contra Gayoom. E, agora, contra Yameen — diz. — A batalha contra o sistema.

Só uma coisa, aqui, é mais arriscada do que se dedicar à política.

Se dedicar ao Islã.

O Islã é o único tema que Asward não menciona nunca.

Nem mesmo Asward.

Zaheena Rasheed tem 28 anos e dirige o *Minivan News*. Está enfiando tudo depressa em uma mochila para ir correndo para o aeroporto. Para o primeiro avião que achar: ela aparece no documentário da al-Jazeera. Mas não tem medo de repetir: — Nas Maldivas o Estado é como a máfia. Aqui você paga propina por qualquer coisa — diz. — Não só para abrir um resort, mas também para marcar uma consulta com o oncologista: para ter o que você tem direto a ter — diz. — A corrupção é endêmica. E o problema é que as eleições são inúteis, não mudam nada. Na campanha eleitoral, esses barcos carregados com dezenas e dezenas de pacotes chegam às ilhas. De onde você acha que vêm todos esses televisores de plasma? Todos esses celulares? Os aparelhos de ar condicionado? O parlamento não reflete minimamente a vontade popular. Tudo aqui é compra e venda de votos e consenso. Poucas centenas de pessoas vivem bem — diz. — Aquelas que são próximas aos cinco, seis oligarcas que se apoderaram da economia. Para todos os outros, só resta sucumbir. Porque não podem desafiá-los no parlamento. Nem desafiá-los no tribunal. Os juízes são parte do sistema. O problema de fundo é esse. Não tem contrapeso. Os juízes blindam o sistema.

— Esta não é uma ilha, é um desterro. É uma armadilha — diz.

— E depois — diz —, para complicar ainda mais, agora o Islã.

O inconsciente coletivo.

Para o governo, o fundamentalismo aqui não existe. Em 2014, após a notícia dos primeiros dois maldivanos mortos na Síria, Yameen declinou toda e qualquer responsabilidade. «Sempre recomendamos a nossos compatriotas que se comportem bem no exterior», declarou.

Sobre os homens do atentado de 2007, dizem, lacônicos: Estavam bêbados.

Apesar de agora estarem todos na Síria.

Depois de uma anistia aprovada por Nasheed, além do mais.

Porque sobre o Islã, aqui, todos são ambíguos.

Sobre o Islã, ninguém se expõe.

— Mas, se estão prontos para ir até à Síria para não ficarem aqui, é evidente que alguma coisa não funciona — diz. — Tem todos esses rapazes de vinte anos sem trabalho e, sobretudo, sem competências para achar um trabalho qualquer, e, muitas vezes, entre outros, são dependentes químicos, com passagens pela polícia: rapazes estigmatizados, marcados como falidos. Partem para a Síria, ou para uma jihad qualquer, em busca de uma vida diferente. Olhando por esse lado, não são desequilibrados. Até porque são os nossos colegas de escola, os nossos vizinhos. São rapazes que conhecemos: ninguém pode dizer que são desequilibrados. Os nove, dez que eu conheço, por exemplo, não são. Garanto. São rapazes como mil outros.

— E, depois — diz —, optar pela Síria não é apenas uma escolha individual. E é importante olhar quem vai embora, mas também quem os faz ir embora. Porque aqui hoje em dia já operam muitas organizações islâmicas de voluntariado que ninguém controla. Ouve-se falar de campos de treinamento nas ilhas mais afastadas. Talvez sejam só boatos: mas a questão é que ninguém sabe nada sobre suas atividades. E isso em um país de 350 mil habitantes. Em um país cujo governo sabe tudo de todos. E, no entanto, ninguém nunca foi detido no aeroporto. Nenhum desses rapazes que nunca esteve em um atol diferente daquele em que nasceu, e agora, de repente, pede um passaporte e parte para a Turquia. Mas são coisas das quais ninguém fala. Em vez disso: perguntemo-nos quem são. Dizer que não são desequilibrados não significa compartilhar das ideias deles. Tentar entender quem são significa tentar entender quem somos nós.

— Refletem bastante antes de se alistar — diz. — Por meses. E não é verdade que não conhecem o Islã. E como poderiam? Em países como o nosso, o Islã é a matéria principal na escola. Temos todos um conhecimento aprofundado do Islã. O que não conhecem, no máximo, é a Síria. Porque da Síria e, em geral, do mundo têm só a imagem construída pelo governo. Acreditam que tudo seja uma operação da CIA, qualquer coisa que aconteça, tudo é sempre um complô, tem sempre Israel no meio, tudo é sempre um ataque contra os muçulmanos: muçulmanos que, no entanto, resistem, e, aliás, agora já são quase a maioria na Europa, porque em Londres Mohammed já é o nome mais difundido e coisas assim. Mas não. Não são desequilibrados.

— Na realidade — diz —, são simplesmente rapazes. No fundo, perguntar para eles sobre o califado, sobre o Estado Islâmico, sobre o futuro do mundo é como perguntar a um soldado da marinha americana sobre a estratégia dos Estados Unidos no Oriente Médio. Sobre a crise dos empréstimos de alto risco. Não faz muito sentido — diz.

— Todo soldado é assim — diz. — Um soldado: nada mais.

— O problema verdadeiro é que nós, jornalistas, pertencemos a outro mundo — diz —, porque também é muito uma questão de classe. Frequentamos uma Malé diferente daquela dos jihadistas. Fisicamente. Lugares diferentes. E então fica difícil compreender como vivem. O que sentem. Como alguém se sente, sentindo-se excluído. Porque nós somos excluídos do poder, mas não da sociedade.

— E sobretudo — diz — o problema é que, se você mexer com o Islã, aqui, você morre.

Diz: — Como Rilwan.

— Não tinha entendido que ele cobria os jihadistas — digo. — Li as coisas dele sobre Gayoom.

— Não é que cobria os jihadistas. Era um jihadista — diz.

— Rilwan?

— Sim, Rilwan. Depois se tornou laico. Mas era um jihadista. E um jihadista mesmo: nunca combateu, mas seu grupo estava na órbita da al-Qaeda, e alguns de seus companheiros já tinham se envolvido em uma série de atentados no exterior. Era uma espécie de pregador, distribuía o Alcorão. Mas se preparava para partir.

— Rilwan?

— Sim, Rilwan. Sem contar que era um repórter que falava de tudo, e então ficava exposto a tudo: escrevia sobre criminalidade e erosão das praias, sobre tortura nas cadeias, chibatadas, mas também sobre futebol e Palestina, sobre pesca e propinas. Mas, no fim, estava na mira porque vinha daquele mundo. Depois, pouco a pouco, lendo, porque era um leitor ávido, era muito culto, pouco a pouco, assim como tinha se aproximado do Islã, acabou mudando de ideia. Da forma como ele era: radicalmente. Sem meias medidas. Tinha aquele blog: Secular Maldives. Em um país em que a Constituição diz que só pode ser cidadão maldivano quem for muçulmano. E que você tem liberdade de opinião, sim, mas apenas se for uma opinião compatível com o Alcorão. Quando desapareceu, já fazia semanas que no Facebook discutiam sobre o quão justo seria eliminá-lo.

— E aqui o único jeito — diz —, quando você fica na mira, é ir embora.

Pegar o primeiro avião que encontrar.

— Porque aqui ninguém te protege. E, aliás, os policiais, os magistrados, aqueles pagos para te proteger, na realidade são pagos para te eliminar. Tomamos o cuidado de não andar sozinhos, coisas assim. De não dar sorte para o azar. Mas é inútil.

Você é completamente vulnerável. Completamente só.

— Como todos, no entanto — especifica. — Não só os jornalistas. Estamos todos por um fio, aqui.

— Na realidade, nem é questão de ser ou não laico — diz. Antecipando a minha pergunta: porque não usa o hijab. — E, para mulheres como você — digo —, não é ainda mais arriscado? — Não. Pelo contrário — diz. — Às vezes é muito mais arriscado ser muçulmano praticante, porque aí a crítica, como no caso de Rilwan, vem de dentro — diz. — E te força a rebater no mérito. A medir os conteúdos. Vocês ocidentais — diz — se concentram nas moças como eu. Nas moças sem hijab. Como se fôssemos um ícone de emancipação. Mas o hijab não significa nada. Contam as suas ideias, o que você pensa. E, acima de tudo, o que você faz. Conta o que você tem dentro da cabeça, e não em volta dela.

— O que conta é se você está no sistema ou está contra o sistema — diz.

O que, talvez, uma vez no Oriente Médio, seja a primeira coisa que você aprende. Que o hijab não uniformiza. Não torna as mulheres todas iguais, ao contrário: varia muitíssimo, varia conforme o país, conforme a idade, a classe social. O empenho social, o fato de ser mais ou menos militante. E varia conforme o tipo de Islã, naturalmente. Sunitas ou xiitas, ou uma das mil outras correntes, mil outras interpretações do Alcorão. Varia conforme a moda, acima de tudo. Um hijab diz muitíssimo. Não esconde: desvela. E então você aprende na hora que muitas vezes é símbolo de batalha, não de submissão. Como no Egito, como na Turquia: nos anos 1970, o hijab voltou como símbolo de uma identidade islamita em oposição a governos laicos que, no entanto, mais do que laicos, como sempre, eram simplesmente autoritários. Como símbolo de dissidência, muito mais do que de religião.

O exato oposto da submissão.

Sim, talvez seja a primeira coisa que você aprende. Que conta o que tem dentro da cabeça. Não o resto.

Apesar de, na realidade, ser curioso. Especialmente para uma ocidental da minha geração: filha de uma feminista. Eu já não deveria ter aprendido? Apesar de, na realidade, ser curioso.

— Qualquer coisa que você disser, aqui, te acusam de não ser um verdadeiro muçulmano. Você fala das estradas desconexas, todas precisando de asfalto novo, e te dizem: Você não é um verdadeiro muçulmano. Em um país em que, além disso, o sexo, o álcool, a carne de porco, tudo que é proibido é consentido aos turistas. E não só aos turistas: um país em que, se você pagar, o Alcorão que se lixe — diz Zaheena Rasheed. — Mas partem para cima de você por qualquer coisa que disser.

Nesses dias, de fato, Malé ficou literalmente histérica por causa dessa história da al-Jazeera. Estou parada em uma esquina com um bloco na mão, enquanto procuro a velha mesquita, quando um energúmeno grita para fora da papelaria: — O que está escrevendo? Você por acaso é jornalista? — berra. — Vá embora daqui ou chamo a polícia! Anda!

Estou somente testando os cartuchos da caneta para ver se comprei os certos.

Estou indo ao Centre for the Holy Quran, na realidade. Mas, segundo o meu guia Lonely Planet, a velha mesquita de Malé fica nesta rua, e é muito linda. Segundo o meu Lonely Planet, na verdade, passo em frente a ela todos os dias: mas, honestamente, não me lembro de ter visto uma mesquita por esses lados. E não me parece que a estou vendo agora: mesmo que esteja exatamente onde eu estou. Nunca a teria reconhecido: o minarete é branco com umas linhas azuis, como um farol — e depois não é alto e estreito, como um campanário, é largo; achei que fosse uma cabine elétrica. E, no entanto, é a mesquita mais antiga das Maldivas. Uma daquelas mesquitas que foram antes um templo budista e agora têm o piso em diagonal no sentido de Meca: mas aqui, obviamente, te asseguram que sempre foi uma mesquita. Porque aqui existiu sempre e apenas o Islã.

Mesmo tendo a forma de um pagode budista.

Nem mesmo al-Baghdadi a teria reconhecido.

Na realidade não sei se posso entrar, porque a entrada é proibida para não muçulmanos: é necessária uma autorização do Ministério dos Assuntos Islâmicos. Mas não tem ninguém com quem falar. — Não se preocupe — diz um homem na portaria do prédio da frente. — Venha comigo. — Mas assim? — digo. — Me recomendaram não entrar sem autorização. — Fique tranquila — diz. — O que conta é o coração puro. E além do mais você parece árabe. Veio de onde? — pergunta. — Da Palestina — respondo. Seu rosto se ilumina: — Então tem o coração puríssimo. — E, enquanto me explica o teto marchetado, os muros de coral, os tapetes, toda a arquitetura, todo gentil pergunta se sou casada ou não: mas antes de me dizer que ele tampouco é casado e de me convidar para jantar, porque tudo tem um sentido, certo? Tudo tem uma explicação, porque caso contrário Deus teria me levado ao Ministério dos Assuntos Islâmicos e não ao prédio em frente. Ele me pergunta quanto ganho, se a minha casa é mesmo minha, de minha propriedade e, principalmente, se fica na Itália. — Não fica em Gaza, certo?

O meu futuro esposo tem uns sessenta anos e quatro dentes, mas, enquanto eu insisto em falar sobre Maomé, já está planejando as nossas núpcias. — Mas o Alcorão, aqui, o que diz? — pergunto, apontando os versículos incisos nas paredes. — Diz que hoje à noite vamos jantar juntos — jura.

— Caso contrário, por que viria ao prédio em frente?

Tudo tem um sentido.

Tudo tem uma explicação.

O Centre for the Holy Quran é um centro para o estudo do Alcorão financiado pelo governo. Tem uma linda biblioteca toda de madeira, forrada de livros até o teto. Os cursos são gratuitos. Os cursos são de Alcorão e de árabe, porque o Alcorão em árabe tem uma infinidade de significados e nuances que nas traduções acabam se perdendo: é por isso que também na Europa se usa o árabe nas mesquitas. O senhor Taj, assessor de imprensa do centro, é muito cortês. Um pouco singular, porque nasceu no Sudão. E é albino. Vive aqui desde 1984, sua esposa é das Maldivas. Tem um aspecto simples e por volta de setenta anos, parece um pouco uma testemunha de Jeová, ou o vizinho obcecado que tenta te convencer a frequentar a igreja. — A coisa mais importante é ler — diz. — Ler o máximo possível, e buscar a verdade sozinho. Porque, se for seguir um professor, especialmente no início, como você pode estar seguro de que o escolhido seja um professor de verdade? — diz.

— Não confie em ninguém — diz. — Nem mesmo em mim. Não sou a verdade. Sou apenas Taj.

O Islã, diferentemente do Cristianismo, não tem o clero. A mensagem do Islã é uma mensagem que se dirige diretamente ao crente. Sem mediações. — E hoje é um problema — diz — porque muitos imames nunca estudaram em Meca, ou em al-Azhar, junto com professores de prestígio. Mal estiveram fora do próprio país: e, portanto, confundem religião com tradição. Regras com costumes. Por isso ler é mais importante do que nunca — diz. — O imame não é a verdade. A única verdade é o Alcorão. O primeiro dever de cada muçulmano é ler o Alcorão. Ler e reler. E refletir. Porque cada um decide a própria interpretação do Islã.

— Não confie em ninguém — diz. — Nem mesmo em mim.

— Não sou o Islã. Sou apenas Taj — diz.

E, de fato, ele tem razão. Porque, ponderando, vemos que é mesmo o oposto do que parece. Aparenta liberdade, pensamento crítico, autonomia individual: e, ao contrário, é o Islã como instrumento de controle e poder. Porque não seguir nenhum imame, limitar-se a rezar, significa na realidade abster-se de toda iniciativa política, limitar-se ao Islã como meio de salvação pessoal, esquecendo seu poderoso chamado para a mudança social. Para a ação coletiva. Se você chega ao Oriente Médio, é um tipo de Islã que se conhece bem. Porque no Oriente Médio tem sempre um Islã de Estado e um Islã, pode-se dizer, de oposição, que não é necessariamente a al-Qaeda, é também, no Egito por exemplo, o Islã dos Irmãos muçulmanos, comparado ao Islã de Sadat, que era usado para enfraquecer os laicos. Não porque eram laicos, não porque, no fundo, era uma questão de religião: mas porque estavam perto da União Soviética. Porque eram comunistas.

Sem contar que é uma diferença que se conhece bem, mesmo vindo da Itália: entre o Vaticano e a Igreja. Entre o Catolicismo de Estado e aquele de rua.

Os padres banqueiros e os padres operários.

— O Islã é simples. No Islã é você com Deus. Ninguém mais — diz. — E tudo deriva de poucos princípios. No fundo, de um princípio apenas: o princípio da unicidade de Deus. Alá é o único Deus e Maomé o seu profeta. Tudo deriva disso. Um muçulmano observa a palavra de Deus: apenas a palavra de Deus. Não venera falsos ídolos. Não busca o dinheiro, a fama. O poder. E isso significa também que não existe outra autoridade. O presidente, o parlamento, a polícia: ninguém tem autoridade para contradizer Deus. As leis são legítimas na medida em que aplicam a vontade de Deus.

— Mas — digo — e os resorts? Não me parecem muito compatíveis com a vontade de Deus. — As regras têm sempre uma exceção: o estado de necessidade. Se você não tem alternativas, é consentido violar as regras. E as Maldivas não têm alternativas — diz Taj. — Os resorts, na realidade, são uma coisa boa. Porque minimizam o dano. Só temos como viver de turismo: mas assim, pelo menos, o contato com os não muçulmanos é limitado.

— Mulheres e crianças ficam em outras ilhas, e estão protegidos — diz.

— Escute — digo. — Sinto muito ser um dano. Não era minha intenção. Porém eu, que sou mulher, por que deveria me converter ao Islã? E ser inferior a um homem?

— Mas não é verdade — diz. — Para o Islã homem e mulher são iguais. Existe uma diferença biológica, que deixa evidente que certas coisas, como ser caminhoneiro, não estão fisicamente à altura de vocês. Ou a guerra. A guerra não é adequada às mulheres — diz. Não é adequada a ninguém, na realidade. — Mas de resto somos todos iguais — diz. — Cada um nos limites da própria natureza. E depois não tem constrição — diz. — O marido, se não concorda com alguma coisa, por exemplo, que a esposa trabalhe em um hotel em que se serve álcool, deve explicar as suas razões. E, no máximo, tudo se resolve com a mediação da família. Mesmo porque não pode haver dúvidas — diz. — O Alcorão é claro. Se todo mundo fosse muçulmano, verdadeiramente muçulmano, não só não precisaríamos de juízes e tribunais, mas nem mesmo de leis e parlamentos, porque o Alcorão disciplina cada aspecto da vida. E é claro. O Alcorão não deixa dúvidas.

— O problema — diz — é que existe Deus mas existe também Satanás: e Satanás está sempre articulando. A vida é um conflito infinito entre o bem e o mal: depende de você escolher em que lado ficar. Satanás te tenta a todo momento. Mas você nunca pode ceder. Nunca. Tem que ficar firme do lado do bem. Por isso quem realiza atentados na Europa não é um verdadeiro muçulmano. São como os crimes dos americanos no Iraque. No Afeganistão. Exatamente a mesma coisa. Os jihadistas são rapazes enganados

e manipulados: o ISIS é toda uma mano-
bra da CIA.

— E ademais aqui não temos jihadistas
— diz. — Nem um sequer.

— Na verdade, os que estão na Síria têm
até um nome — digo. — Bilad al-Sham.

— Estão no Twitter, no Facebook. No
YouTube — digo.

— E quem disse que são mesmo daqui?
— me pergunta.

— Que não se trata da CIA? — diz.

— Ninguém é perfeito. Hoje não existe
um país que seja realmente islâmico: não
é suficiente introduzir a xaria para confor-
mar-se à vontade de Deus. Mesmo assim,
isso não te autoriza a se rebelar. A tentar
realizar o que você considera ser o verdadeiro Islã. Nem com violência, nem sem violência: não é você que vai mudar as coisas.
A vida é mista, é bem e mal juntos. Teremos
o verdadeiro Islã em terra só no fim dos
tempos. Você não tem o poder de mudar
o mundo, de mudar o seu país: você pode
mudar apenas a si mesmo. Você pode apenas, no seu círculo, ser justo. Ou seja — diz
— refletir. Sempre. Diante de cada coisa,
perguntar-se: O que Deus quis me dizer?
Diante de você, que não acredita, por exemplo, minha obrigação de muçulmano é falar
com você. Explicar a mensagem de Deus.
Mas é também perguntar para mim mesmo:
por que você está aqui? Que sentido você
tem? Por que Deus te enviou a mim?

— Na sua opinião — diz —, por que
Deus te enviou aqui?

— Não saberia dizer — digo. — Só falei com o meu chefe.

— Mas você não pode não se interrogar sobre si mesma — diz. — E também eu sobre você: é meu dever entender por que você está aqui. Entender o seu significado sobre a terra.

— O meu significado? — pergunto.

— Sim — diz.

— E consegue? Quero dizer, em geral você entende que sentido tem alguém no mundo?

— Muitas vezes — diz.

Ele me olha.

— Muitíssimas vezes — diz.

Olho para ele.

— Afinal — digo —, o senhor tem meu número de telefone, certo?

— Deixa a Síria para lá. Já que, com você ou sem você, a guerra não acaba. Ninguém sabe nem por que está combatendo. Você não pode mudar as coisas. Não sente pena de si mesma? Olhe-se. Como pode jogar fora seus melhores anos?

— Mas na Síria estão todos morrendo. Não posso ir embora.

— E acha que se estiver lá morrerão menos? Em uma guerra que envolve a Arábia Saudita, o Irã, a Rússia, a Turquia: uma guerra que envolve todo mundo? Acha que você conta?

— Mas, de verdade, estão todos morrendo.

— E você vai morrer também.

— E eu nem virei a saber — diz —, já que a sua morte será irrelevante.

Ele me olha.

— Então talvez — digo — eu volte para a Palestina.

— A Palestina — digo — é mais segura.

— Pior!

— Pior?

— Faz setenta anos que todo mundo tenta. E acha que você vai resolver?

— Mas nem a Palestina?

— Deixe para lá. O mundo é complexo. Não entende? O mundo te usa.

— Mas Jerusalém. Maomé. Pelo menos a Palestina. Mas não foi de Jerusalém que Maomé foi aos céus, até o arcanjo?

— No mundo todo há sofrimento, em qualquer lugar. E então por que a Síria sim e a Etiópia, a Nigéria, o Congo não? Quem está no Congo te acusaria de indiferença, como você acusa outros de indiferença em relação à Síria. A única paz é a da alma. Dedique-se a seu marido.

— Não tenho marido — digo.

— Não tem marido? — pergunta.

— Se tivesse — digo —, depois de um dia me diria: Melhor você ficar na Síria.

Ele me olha, consternado.

— No Ocidente já não há respeito pelas mulheres.

Mas na realidade o que mais me surpreende em homens como Taj, aqui, não é o que dizem ou não dizem sobre o Islã. O Islã de Estado e coisas parecidas. Não. O que me surpreende é que sejam muito diferentes daqueles que os contestam, dos Asward: e que sejam ao mesmo tempo muito parecidos.

Porque, em certa medida, me parece que nas Maldivas existem três categorias. Existe essa minoria de integrados que se beneficia do sistema dos resorts, alguns mais outros menos, e, portanto, está firmemente alinhada com o governo — ou, mais exatamente, com o status quo: não com Yameen por Yameen, mas com Yameen pelos interesses que protege. E depois há essa minoria de dissidentes, constantemente atacados. São os dois grupos que cobrem todo o espaço, no fim, todo o espaço político e social, ou pelo menos o espaço visível: o espaço oficial. E são também polarizados: ou você está com Nasheed ou está com Gayoom, aqui. Ou bebe café Illy ou prefere Lavazza. São divididos até em coisas assim. E, no entanto, na realidade, são somente a minoria. Ocupam todo o espaço, mas a maioria é outra: e é a maioria da qual partem aqueles para os quais tudo é melhor do que as Maldivas. Até a Síria.

Com os amigos, os irmãos, que talvez não aprovem a escolha deles, mas no fim não têm nada a objetar: porque não se sentem parte da sociedade.

E, enquanto aqueles brigam por Illy ou Lavazza, esses bebem Nescafé.

São três grupos mas apenas dois mundos, na realidade.

E nunca se cruzam.

Os três irmãos Jameel estão entre os primeiros que se mudaram para o califado.

Partiram com mulher e filhos. O mais velho, Aatifu, trabalhava na imigração; o do meio, Samihu, era pescador; e o mais novo, Aataru, estava desempregado. Quando perguntaram por que foram para Raqqa, o pai, lacônico, respondeu: «Tinham casado, cada um tinha a própria família. Mas moravam todos ainda em um único cômodo».

E afinal — estou nas Maldivas: mas talvez pudesse estar em qualquer outro lugar.

— Oi... Oi, com licença!

Um rapaz me para, na rua. — Mas é você? — diz.

Diz: — Me contaram que estava nas Maldivas. Queria te dar isto — diz. E saca da bolsa um Alcorão em dhivehi.

— E também queria te pedir um conselho — diz.

— A Síria, quero dizer.

— Sim. Queria entender o que os sírios acham de nós.

— De vocês?

— Dos estrangeiros, sim. Se nos querem.

— Quero ajudar os sírios — diz. — Mas quero ter certeza de que os sírios querem receber ajuda.

— Um pouco, sabe, como quando você se matricula na universidade? — diz. — E quer ter certeza de que se matriculou no curso certo.

— Olhe — digo. — Não é simples. Não é verdade que você chega lá e são todos irmãos. Primeiro por causa da língua. Nem todos falam árabe. Ao contrário. Na realidade

— digo —, você acaba ficando com outros do seu próprio país. Os chechenos, por exemplo, ficam apenas entre chechenos. Até porque combatem muito melhor do que todos os outros, e um sueco, um holandês, no front, uma pessoa que foi treinada no playstation, é um incômodo apenas. E, de todo modo, foi assim também nos tempos do Afeganistão. Os combatentes estrangeiros eram muito diferentes dos afegãos, vinham da cidade, tinham estudado. Tinham histórias diferentes. Motivações diferentes. Os afegãos vinham de uma sociedade rural. E é assim hoje na Síria. Não é verdade que são todos irmãos. De forma alguma. Até mesmo porque os estrangeiros são mais bem pagos, e os ocidentais, por exemplo, se dedicam especialmente aos meios de comunicação: e, portanto, são acusados de se arriscarem menos. De serem apenas aventureiros.

— De não serem verdadeiros muçulmanos — digo.

— Porém... — digo, e, juro, é a última coisa no mundo que queria dizer, especialmente para este rapaz, mas é a verdade — porém os sírios são gratos a vocês.

— De verdade? — diz.

— Sim — digo.

Porque é a verdade.

E gostaria que não fosse assim, juro, gostaria de poder lhe dizer: os sírios dizem para vocês ficarem todos onde estão, que vocês destruíram a revolução deles, destruíram tudo deles, não queriam a xaria, queriam a democracia, e agora olhem que bagunça:

vocês destruíram tudo — mas não é verdade: muitos sírios ficam tão desesperados que são gratos a qualquer um que esteja disposto a ajudar.

Até aos laicos.

Eles te dizem: Depois pensamos no Islã. Mas agora a prioridade é Assad.

— Sim — digo. — Os sírios são gratos a vocês.

Claro. «Os sírios.» Hoje na Síria já somos todos estrangeiros.

Os sírios são todos refugiados.

Refugiados ou cadáveres.

E, de todo modo, Assad também é muito grato a vocês, gostaria de acrescentar. O mais grato de todos.

Pois assim pôde dizer ao mundo que era ele ou a al-Qaeda.

Pôde bombardear tudo.

Ele me olha.

— Mas você — diz —, no meu lugar: iria?

— No seu lugar? — pergunto.

— No meu lugar.

— Deixa para lá. Que, com você ou sem você, a guerra não acaba.

— Mas na Síria estão todos morrendo. Não posso deixar de ir.

— Você não pode mudar as coisas. O mundo é complexo. O mundo... O mundo te usa.

— E a questão não é o Islã — digo.

Pode ser questão de tudo na Síria, menos de Islã.

Ele me olha.

— Escute — diz —, se eu morrer: você escreve algo sobre mim?

Diz: — Escreva que eu sabia o que estava fazendo.

— E que não é verdade que eu não entendia nada de Islã — diz.

— Porque não é verdade — diz — que a questão não é o Islã.

Mesmo porque, na realidade, o problema talvez seja a necessidade de falar Islãs no plural.

E de xarias.

Mushfique Mohamed tem 29 anos, é advogado. — Antes de tudo, uma premissa — diz. — No geral, a xaria cobre o direito de família e o direito penal: cobre apenas uma parte do direito. As normas, por exemplo, do direito civil, do direito administrativo, do direito comercial, são todas normas estatais. E aqui nas Maldivas — diz —, com relação ao direito penal, a xaria fica limitada aos crimes previstos explicitamente pelo Alcorão, e para os quais é o Alcorão que fixa as penas. Os assim chamados hududs. O adultério, a fornicação, ou seja, o sexo fora do casamento, a apostasia, o furto, o assalto e o consumo de álcool e outras substâncias similares. Mas 80% dos processos aqui são por crime de droga: crimes que não são regulamentados pela xaria. Quando falamos de xaria, portanto, nunca falamos do direito em sua totalidade. Falamos de normas que interagem com outras normas: de normas islâmicas que interagem com normas de outra natureza.

— E que são profundamente modificadas por essas normas de outra natureza — diz.

— Falam de xaria, sem mais especificações. Mas a xaria — diz — é somente e sempre a xaria de certo país. Aqui não vigora a xaria: vigora a xaria das Maldivas — diz. — Cada xaria está arraigada em um contexto próprio. E esse contexto hoje não é constituído simplesmente pelos usos e pelos costumes: é o Estado. O problema no fundo é que a xaria é pensada para uma sociedade sem Estado. Nos tempos de Maomé não existia Estado. O Estado chegou aqui, e em meio mundo, com os ingleses. Com os holandeses. Com o colonialismo. E desfigurou substancialmente a xaria. Porque a xaria é um direito que se baseia na figura do especialista — diz —, não na do juiz. Mas com o Estado os papéis se inverteram, e a figura central se tornou a do juiz. Isto é, não mais um homem expressão da sociedade — diz —, mas um funcionário do Estado. Expressão do poder.

— Um direito é dado pelas normas — diz —, mas também pelo entorno que produz essas normas. E que produz pesos e contrapesos. Ao suprimir o entorno, são suprimidos os pesos e os contrapesos.

São suprimidas as garantias.

— Muitos te explicam que a xaria se baseia no especialista em Islã, ou melhor, nos especialistas em Islã, em uma discussão, uma reflexão constante. E, em teoria, sim, é verdade. Mas nos tempos de Maomé; não hoje. Não na prática. Porque o problema hoje é:

quem decide qual é a xaria? O que é consentido e o que não é? Porque, sim, há o Alcorão. Mas há também todo o resto. Existe a Sunna, existe a jurisprudência: e todo o resto se impõe não porque é verdadeiro, não porque é demonstrável como uma fórmula matemática, mas porque é social e politicamente oportuno. Ou conveniente.

Conveniente para alguém.

— Qualquer um — diz — pode pedir uma fatwa, é verdade. Mas não é essa a questão: a questão — diz — é que qualquer um pode emiti-la.

Em Abu Dhabi tem até um 0800. O Fatwa Call Center.

A xaria, aqui, vigora desde sempre. Mas foi modificada apenas em 2015: somente com o novo código penal. Que se inspira no do Sudão. — E é totalmente delegada à discrição do juiz — ele me explica. Ou seja, um único juiz, em cada caso específico, estabelece o que diz a xaria: uma arbitrariedade que, é óbvio, deixa lugar para todo tipo de abuso.

— Não é o reino de Deus: é o reino do juiz — diz.

E de quem paga o juiz.

A xaria aqui é política desde sempre. Nos primeiros meses como presidente, Nasheed consolidou seu consenso com uma série de reformas por muito tempo aguardadas: a habitação popular, os transportes, a assistência sanitária. As pousadas. E os seus opositores, naquele momento, jogaram a carta do Islã. Acusaram Nasheed de não ser um verdadeiro muçulmano, pedindo coisas como o fechamento dos centros de massagem, que muitas vezes, na realidade, especialmente em Malé, são centros de prostituição, e organizaram uma manifestação em defesa do Islã. Em 23 de dezembro de 2011. A mais numerosa da história das Maldivas. Na lógica de raciocínio daqui ficava implícito que não se estava falando dos centros de massagem dos resorts frequentados pelos turistas. E então Nasheed desafiou os islamitas em seu próprio território, ordenando o fechamento dos centros de massagem: todos, porém. Sem exceções. Depois perguntou à Suprema Corte se vender álcool aos turistas não era por acaso contrário à xaria. E se salvou assim: porque a Suprema Corte, contra a parede, decidiu por não decidir.

E tudo foi arquivado.

O Islã está em todo lugar, aqui. E ao mesmo tempo em lugar nenhum.

Porque, depois, justamente: no fim de semana vão para o Sri Lanka.

— A xaria aqui tem uma evidente conotação política — diz. — Por exemplo: a fornicação. As mulheres açoitadas na praça. E no meio de uma multidão que aprova e, aliás, pede penas mais severas. Aquelas mulheres não são com certeza as mulheres abastadas de Malé: porque a prova da fornicação é o filho fora do casamento, e as mulheres ricas, e estudadas, usam contraceptivos. Fazem aborto. As chibatadas são a típica punição que no fim recai apenas sobre os pobres. Têm um forte componente de classe. — São aqueles crimes que se encontram em toda legislação, na realidade, em todo país, os quais, pela forma como estão estruturados, pela forma como são definidos, recaem apenas sobre certa parte da população. Só os negros. Só os imigrantes. São aqueles crimes que mantêm unida a sociedade: porque criam o Outro. O Outro em relação ao qual somos melhores. O Outro sobre o qual jogamos toda culpa.

— E de fato são crimes — diz Mushfique Mohamed — com uma forte dose de hipocrisia. Porque aqui ninguém sonha em prender os turistas. Ainda que o sexo fora do casamento seja proibido a todos. A única diferença está na pena. As chibatadas para os cidadãos das Maldivas e o regime aberto para os estrangeiros. Para os estrangeiros muçulmanos: porque os estrangeiros não muçulmanos seriam apenas expulsos do país. Mas nunca ninguém foi expulso — diz. — Seria possível pensar que é tolerância. Não. Não é tolerância, é hipocrisia. Porque por estrangeiro muçulmano não se entendem os xeiques sauditas. Estes nunca acabam em regime aberto. Se entendem apenas os garçons de Bangladesh.

— Não é questão de serem muçulmanos ou não — diz —, é questão de serem ricos ou pobres.

Ou poderosos. Porque o presidente da Suprema Corte, o cara com o calção branco filmado no Sri Lanka com duas prostitutas, nunca foi preso. Apesar de os hududs serem, para os cidadãos das Maldivas, um crime também no exterior.

A mesa diante da de Mushfique Mohamed é a de Shahindha Ismail, a mais conhecida dentre as ativistas pelos direitos humanos das Maldivas. Tem 38 anos e está na linha de frente há quase quinze. Desde 2003. Desde a Primavera de Malé, tão parecida com aquela que depois seria a Primavera Árabe: um rapaz de dezenove anos, Evan Naseem, foi torturado até a morte na cadeia e a mãe escolheu não ficar calada; expôs na praça o cadáver martirizado do filho, dando início assim primeiramente à revolta dos detentos e depois de todo o país. E para Gayoom foi o fim da linha. — Foi forçado a conceder liberdade de associação e discussão — diz Shahindha Ismail. — O partido de Nasheed, que era um partido clandestino, foi legalizado. Mas não apenas. De repente, tudo parecia possível. Tudo parecia nosso. O país, o futuro: foi um momento de infinita energia. Organizamos fóruns temáticos para decidirmos todos juntos as reformas. As mudanças necessárias. Foi um momento extraordinário — diz. — Mas depois de algum tempo — diz — Gayoom reagiu. E reagiu prendendo todo mundo. E depois um dia, enquanto o conflito estava ainda em andamento, ainda vivo, se abateu sobre nós o tsunami. E àquela altura não se tratava com certeza do momento para continuar falando sobre a nova Constituição. Sobre as eleições. Era tempo de montar tendas, distribuir água e cobertores. E tudo parou ali — diz.

— Tudo permaneceu inacabado.

Na metade da travessia.

E não somente porque para muitos o tsunami tinha sido uma punição de Deus. Com o tsunami, chegou a ajuda da Arábia Saudita. Que nunca é uma ajuda desinteressada, ela me diz, explicando coisas que já me foram explicadas na Bósnia: um país em que nos anos 1990, durante a guerra, cerca de 70% das mesquitas foram destruídas, para serem reconstruídas em grande parte com dólares sauditas. E com características sauditas: a mesquita Re Fahd de Sarajevo agora tem duas entradas separadas para homens e para mulheres. E dois andares separados.

Uma coisa que na Bósnia ninguém tinha visto antes.

— Lembro quando era pequena. A roupa pendurada para secar: toda colorida. Agora é toda preta. O Islã de hoje não é absolutamente uma volta à tradição. Porque esse é o Islã dos países do Golfo: não é o Islã das Maldivas — diz.

Também o seu primeiro marido se tornou salafita. Depois que seu irmão foi morto no front no Afeganistão. E, sobretudo, depois que se transferiu por alguns meses para Londres. — E em Londres a única referência, para os recém-chegados, um pouco perdidos, era a mesquita — me conta. — Começou dizendo que a nossa filha também deveria usar o hijàb. Mas, como sempre foi o típico pai ausente, eu disse para ele: Como preferir.

Mas aí ela vai morar com você. E ele logo desapareceu.

— O Islã está em todo lugar, aqui. E, ao mesmo tempo — diz —, em lugar nenhum.

— Mas em lugar nenhum mesmo — diz.

— Mas sabe qual é — diz —, em tudo isso, a coisa que mais me dói? A coisa — diz — que não consigo mesmo aceitar? Que somos apenas 350 mil. Não somos a Índia. A China. Um bilhão e trezentos milhões. Somos uma cidade, mais do que um país. Com o turismo, com esse tipo de turismo, aliás, de mil dólares por noite, todos poderíamos viver. Te dizem sempre que não há recursos suficientes, que é a crise do capitalismo: a globalização, os imigrantes de Bangladesh. Mas não é verdade — diz. — Não é questão de pobreza, mas de desigualdade.

É uma questão de injustiça.

E de fato — estou nas Maldivas: mas talvez pudesse estar em qualquer outro lugar.

O encontro posterior não é muito longe. É no café Seagull.

Mas estou adiantada e vou dar uma volta nas redondezas. Nas lojas de suvenires. Em uma está um casal de russos, aos quais estão tentando vender uma concha por 3 mil dólares.

E os dois russos querem mesmo comprá-la.

— Olá… Olá, com licença!

Um rapaz me para, na rua. — Mas é você? — diz. Pergunta: — Você está indo ali?

Aponta o Seagull.

Diz: — Mas sabe quanto custam dois cafés lá? Cem rupias maldívias, mais ou menos. Seis euros.

Diz: — Como uma consulta com o dentista.

— Vamos — diz. — Vamos mudar de café. E com aquelas cem rupias maldívias você paga o dentista para uma criança.

— De qualquer forma — diz —, queria que você ficasse com isto. — E saca da bolsa um pedaço de tecido. Uma bandeira das Maldivas. Em cima, em dhivehi, está escrito «Gaza livre».

— E você também queria me pedir um conselho — digo.

Digo: — A Síria.

— Sim — diz. Não sabe se é melhor alistar-se ao ISIS ou à al-Qaeda. A diferença principal, lhe disseram, são os xiitas: para o ISIS são inimigos como os outros. Enquanto para a al-Qaeda são muçulmanos como os outros. E então está indeciso. Porque aqui são todos sunitas. Não tem uma opinião precisa sobre os xiitas: nunca viu um deles.

— Você acha que são infiéis? — pergunta.

— Não saberia dizer — digo.

— Têm mesquitas diferentes — digo. — Só isso. Rezam em posição diferente.

A cisão entre sunitas e xiitas remonta à morte de Maomé. Que não indicou um sucessor: nem indicou como identificá-lo. Segundo os sunitas, deveria ser o melhor dos fiéis, o mais carismático, deveria ser escolhido, deveria ser eleito, enquanto para os xiitas deveria ser um descendente de Maomé. Hoje não há nenhuma análise sobre o Oriente Médio que não tenha um parágrafo sobre sunitas e xiitas. Sobre Irã e Arábia Saudita. Mas tudo começou, precisamente, assim. Com a morte de Maomé. Como sempre: com uma disputa pelo poder.

As diferenças de doutrina chegaram depois.

Para justificar a disputa.

Para legitimá-la.

— Mas, então — digo —, Deus é onipotente, certo? Se quisesse, teria criado um mundo apenas com sunitas. Um mundo sem xiitas. No entanto — digo — o quis assim. Com o dia e a noite. Atuns e ursos.

— Atuns?

— Ou seja: com os sunitas e os xiitas. Ambos.

— Tudo tem um sentido, certo? — digo. Ele me olha.

— Ou quem sabe — diz — Deus quis os xiitas como prova. Como o álcool — diz. — Como as mulheres. Como uma espécie de tentação, certo? Para entender se você cede ou resiste. Se vão te convencer. Talvez Deus quisesse os xiitas para entender se somos verdadeiros muçulmanos.

Pensa um pouco sobre isso.

— Mesmo assim — digo. — A diferença é que com a al-Qaeda, se mudar de ideia, você é livre para ir embora. Com o ISIS não. Você não muda de ideia. O ISIS fuzila os desertores.

— Então é melhor a al-Qaeda.

Apesar de que, seja como for, ele não pensa em voltar. — Depois — diz — será a vez da Palestina.

A televisão, aqui, fala da Palestina todo dia. Toda hora. E a desconfiança em relação a Israel é tamanha que em 2010 uma ONG de oculistas com o incauto nome Eye from Zion veio para oferecer cirurgias gratuitas, e correu o boato de que extraíam órgãos para depois revendê-los no mercado negro. A Jamiyyathu Salaf, um centro islâmico que leva a fama de ser o pivô do alistamento dos jihadistas, denunciou a clara tentativa sionista de tomar posse das Maldivas e pediu ao governo para organizar treinamentos militares de urgência.

— Não vai ser fácil — diz —, mas vamos apagar Israel do mapa.

Não, não vai ser fácil.

Pensa em entrar em Israel pelo Sudão.

De qualquer modo, o Seagull, de fato, é muito lindo. Muito elegante. Tem uma espécie de jardim interno com uma palmeira e plantas tropicais, e areia. Mesas de teca. E, na entrada, uma geladeira cromada com tortas como aquelas dos desenhos. Altas, redondas. Cheias de suspiros. Giram sobre elas mesmas, entre mil luzes: pode ser que toque música — é uma geladeira que sozinha custa mais do que todos os móveis de qualquer uma das casas que vi. Das casas aqui em volta.

Mariyath Mohamed tem trinta anos, é jornalista. — Isso aqui é só aparência — diz.

Você se sente em Paris, em um café como este: e, no entanto, você está em El Salvador. Está no México. Em Scampia. — Aqui na realidade tudo é propriedade de cinco, seis empresários. É todo um círculo vicioso — diz. — Dez pessoas morando em dois cômodos significa morar em um inferno, um inferno de heroína e violência. Você só quer sair de casa o mais cedo possível, aqui. E então você se casa. Se casa rápido, com o primeiro que encontra: as Maldivas têm a taxa de divórcio mais alta do mundo — diz. E a taxa mais alta do mundo de famílias chefiadas por uma mulher: 44%. — Você cresce em famílias problemáticas — diz. — Cresce sozinho. No meio da rua. Para muitos, a verdadeira família aqui é a gangue.

Tem trinta anos e está no terceiro casamento.

O marido ganha muito, tem uma empresa de construção naval. Mas até alguém como Mariyath Mohamed, que pode ter tudo, aqui, pode se permitir tudo, sente que lhe roubaram o próprio país. — Os resorts são estruturas privadas, nas quais qualquer um, pagando, pode entrar. Mas os maldivanos, de fato, não são admitidos. Não é uma lei, mas uma praxe — diz. — Te respondem sempre que está tudo esgotado. — As ilhas aqui são classificadas como habitadas ou não habitadas, e o acesso é livre só nas habitadas. Aquelas não habitadas são utilizadas pelo governo, por exemplo, para a agricultura, e para entrar é necessária uma autorização, ou são resorts, e para entrar é necessária uma reserva. — Os poucos de nós que podem pagar os resorts são sempre mal recebidos. As tarifas são as mesmas: mas toda vez acabamos relegados à ala chinesa — diz, que é a expressão com a qual aqui indicam a parte pior de um resort; digamos: menos bonita. Às vezes com obras de manutenção. Desde 2010, o primeiro país por número de turistas não é mais a Grã-Bretanha, mas a China: mas os chineses não são muito amados, porque gastam pouco.

E porque exigem comida chinesa.

Ficam só entre chineses.

Porque não se integram à cultura local, dizem.

— E não só a economia: o Islã também — diz — é acima de tudo aparência.

— Primeiramente porque aqui, se você paga — diz —, tudo é permitido. Mas aí para se tornar cidadão das Maldivas, por exemplo: você tem que se converter. Ou seja, passar por uma prova sobre o Islã. Deve recitar de cor algumas páginas do Alcorão. Mas não é que verificam se você sabe o que significam: tanto é que são em árabe. Depois te perguntam: Acha que os muçulmanos são todos terroristas? E você, obviamente, diz «não», e te designam um novo nome: e você é muçulmano.

Para dizer a verdade, nos Estados Unidos são ainda mais exigentes: te perguntam se você é alguém com princípios morais sãos.

— Mas acima de tudo — diz — não esqueça que as Maldivas são ilhas. Isto é, são comunidades pequenas. E fechadas. Aqui, ser diferente dos outros é difícil: tem uma forte pressão social. Todo mundo sabe tudo sobre você. E todo mundo fala sobre você. Não é o Estado que te obriga, aqui, nem o Alcorão: é a sociedade que te induz. Todas usam o hijab: e você também usa o hijab. No fim — diz —, os jihadistas não são muito recrutados nas mesquitas, ou na cadeia, na internet: o que mais conta — diz — são os amigos. Viaja um e viajam todos.

Algo que, de fato, se nota também na Europa. Mais do que de certos países, ou certas cidades, os jihadistas partem de certos bairros. De certos condomínios.

Todos juntos. Como outros, em outro lugar, partem com o Interrail.

— E, no entanto, o problema, aqui, não é o Islã — diz. — O problema é esse tipo de Islã. O Islã dos países do Golfo. A escola da minha filha é financiada pela Arábia Saudita, e para a festa de fim de ano falaram para as crianças vestirem a roupa de guerreiros beduínos. Ninguém tinha ideia de como era um guerreiro beduíno. Fomos assistir aos filmes da Disney. Aladim.

— Esse Islã pode até ser uma volta à tradição — diz —, mas à tradição de outros.

De todo modo, nisso os analistas concordam: e não acham que aqui exista um particular risco de atentados contra os turistas ocidentais. É verdade que em junho de 2016, no YouTube, apareceu um vídeo de advertência do grupo que está na Síria,

Bilad al-Sham, mas segundo os analistas o risco aqui é o mesmo risco que já existe em qualquer lugar: nada de mais, dizem. Ao contrário. Segundo Azra Naseem, que é de Malé, mas agora leciona na Universidade de Dublin, e é uma especialista em jihadistas, os islamitas não têm nenhum interesse em se apossar do poder. Por meio do Adhaalath Party já estão na aliança de governo: e é bem melhor ter influência do que poder. Responsabilidade. Uma vez no governo, os islamitas falharam sempre.

Tem muito mais sentido assim, segundo Azra Naseem.

Têm um consenso sempre mais amplo. Para que forçar as coisas?

Que é mais ou menos o que me disse um dos jihadistas. Para que forçar as coisas?

«Yameen trabalha para nós.»

Além disso, nas Maldivas não circulam armas. Armas de fogo. Apenas facas. No Oriente Médio, ao contrário, cada cidade tem uma feira das armas. No sentido mesmo de feira. São vendidas assim: na rua. No meio das laranjas e das maçãs. E não são apenas fuzis, pistolas: na feira de armas de Bagdá, você encontra tudo, te dizem com orgulho. Exceto um avião.

Porque, talvez, se não tivessem armas, dariam cabeçadas uns nos outros.

Mas digamos que o fato de todos terem uma kalashnikov em casa não simplifica as coisas.

Aqui, ao contrário, há só facas, por sorte.

E, na rua, todos esses meninos que lembram um pouco Nápoles. Uma certa Nápoles: as *paranze*.[5] Com suas motos, tênis Nike, óculos Ray-Ban, todos usando grife e com aquele ar de tédio, a certa altura alguém é puxado, derrubado no chão: apagam um cigarro em cima dele e todos, ao redor, olhando o celular. Fingem não estar ali.

Em alerta máximo. Mas prontos a jurar, se interrogados, não terem percebido nada.

Reúnem-se em um café, em uma quadra de futebol, em uma sala de jogos. No muro, o logo da gangue. Que para eles é simplesmente o grupo: como os Young Eagles, com sua águia preta e depois, em vermelho, «Greed, Pride and Anger». Ganância, orgulho e raiva.

Como para dizer: Queremos tudo.

Ou apenas: Bósnia. Com as costas apoiadas em um poste, uma lata de Red Bull na mão; e você já consegue imaginá-los no front, na Síria, com esse ar destemido, carregados de adrenalina, todos, aqui, elétricos com a ideia de partir e também de falar, é a primeira vez na vida que uma jornalista vem procurá-los, não são ninguém, e agora de repente têm uma identidade, um papel, têm um sentido: agora são jihadistas, agora todos temos medo deles; todo mundo, com seus canivetes, seus cinco centímetros de lâmina, eu os olho, na rua, e já os imagino, no front, como carne de canhão, eles como todos, enquanto te juram:

---

5   Grupos de organizações mafiosas. [N. T.]

claro que não tenho medo. E o que você pode saber, sobre a Síria? Sobre a guerra? Você que está me olhando agora, rapaz, com esse ar desafiador: você não vai voltar, nunca vai voltar da Síria, nem vivo nem morto — e não importa por que está indo, se está indo pelas mesmas razões que as minhas, ou pelo Islã, pela justiça, por um amor que acabou mal, você não vai voltar nunca, nunca, mas que paraíso é esse? Você vai sonhar com Aleppo até o último dos seus dias, rapaz, e vai ver uma ferocidade que nunca viu, e vai estar sozinho, sozinho, que irmãos que nada, você vai estar sozinho, na Síria, sozinho para sempre. Cada um pensa somente em si, na Síria e em qualquer lugar, é a primeira coisa que você vai aprender, a única: que não pode confiar em ninguém, que todo mundo vai te trair, é essa a Síria, é essa a guerra, e você vai odiar tudo — tudo. Tudo. Salve-se, rapaz. Salve-se.

— Oi... Oi, licença.

Um rapaz me chama.

— Não, escuta. Mas que Síria? Está perdida. Está perdida, entendeu? Está perdida!

— O quê?

— Que merda é essa de ir para a Síria? Ficou louco? Mas o que acha, que vai ganhar a guerra com uma faca? Acha que é o quê? Um assalto à padaria? Assad tem aviões! Assad tem gás! Mas você já viu, o Putin?

— Putin?

— Que merda é essa de ir para a Síria?

— Síria? E quem é que quer ir para a Síria?

— Como você não quer ir para a Síria?

— E eu sou idiota?

Olho para ele.

Segura um chapéu.

— Você me pediu um chapéu. Está aqui.

Segura um chapéu de folhas de palmeira.

Mas de folhas de palmeira mesmo.

— Obrigada — digo. — Desculpe, eu... Obrigada. Mas é mesmo de folhas de palmeira.

Obrigada.

Giro o chapéu nas minhas mãos. É um chapéu de aba. Verde. Verde brilhante.

Às vezes verde um pouco mais claro.

Mas não é muito pela cor. É perfumado.

É perfumado como um bosque, no verão. Depois da chuva.

Como o ar daqueles dias. De quando o melhor ainda não chegou.

Ou talvez, você ainda saiba guardá-lo dentro de você.

— Obrigada — digo.

— Mas escute... — digo. — No fim não é que este chapéu seja assim tão tradicional.

— Como não? — diz.

— Ninguém sabe o que é. E depois ninguém mais sabe fabricá-lo.

— Mas é igual à foto que você tinha.

— Exato. Aquele era de um cara na Guatemala — digo.

Ou em Honduras, ou que diabo era.

Ele me olha.

— Escute, compro outra coisa, quem sabe. Compro... Compro todas as conchas que você tem. Sinto muito. Você foi tão gentil. Mas eu queria um chapéu verdadeiro.

— Mais verdadeiro do que este.

— Mas ninguém o usa.

— A tradição, aqui, é que o cliente tem sempre razão.

— Eu estava pensando em outro tipo de tradição.

Ele me olha.

Diz: — Mas você sabe que o que procura, na realidade, não é um chapéu, certo?

— Você, em primeiro lugar... — diz. — Não é você, não.

Olho para ele.

— Somos o que os outros veem — diz. — O que os outros dizem. São os outros que criam a gente. E deseja que esse chapéu seja um chapéu? Esse chapéu é você.

— Eu?

— Claro.

— Mas eu não sou um chapéu.

— Você é você mesma?

— Com certeza não sou um chapéu.

— Mas você o olhou? — diz. Pega o chapéu. — Olhe — diz. — Ele agora é verde, mas daqui a um mês é amarelo. E daqui a seis meses é pó. Se desfaz.

— Meu Deus. Daqui a um mês vou ter que procurar outro? Tudo de novo?

— Um objeto, qualquer objeto, mais do que um objeto é uma história, certo? Uma história que só você conhece. Que é só sua. Para outros aquele mesmo objeto tem outro significado. Ou talvez nenhum significado.

Quem sabe para o seu amigo o que será este chapéu? Talvez nada.

— Nada?

— Ou talvez será mais do que um chapéu.

— Mas um chapéu apenas, aqui, não tem?

— E como poderia ter? — diz. — Não existe um significado comum. Não existe uma tradição. Em nenhum lugar. Existe a gente: o que somos agora. Neste momento. É isso. Somos o que decidimos ser.

— Mas não éramos o que os outros decidem?

Ele me olha.

— Somos o que somos agora. Daqui a seis meses é pó.

— Mais do que um chapéu — digo —, uma filosofia.

— Oitenta dólares, obrigado.

Enfia o chapéu em uma sacola.

— Daqui a um mês — diz —, se quiser, sabe onde me achar.

— E tenha cuidado — diz —, tem que regar toda manhã.

O que a essa altura me parece a coisa mais normal deste país.

Ainda que não seja necessário, honestamente: chove muito há dias. Água em todo lugar.

Não tem como ficar seco.

Malé com as monções é impraticável. Completamente alagada. E afinal a chuva é tão forte, tão implacável, que o único jeito é ficar em um lugar fechado. Mas em que lugar fechado, aqui? Dez em dois cômodos, sob um teto podre? Andei por horas buscando a casa de Riley, a moça com o sogro doente e os dois filhos pequenos, e a cozinha cheia de violões e tambores. Tinha prometido que voltaria para um café, para respirar um pouco, mas, no meio dos carros, da escuridão, da lama até os tornozelos, não se entende mais nada, em Malé. Me enfiei no prédio errado. Na única verdadeira casa, aliás, em que entrei até agora. Eram seis, um casal com quatro filhos. Tinham esse amplo *open space* com sala de estar e cozinha, uma sala de estar verdadeira, com estantes, sofás, uma mesinha baixa de vidro e uma cozinha como as dos filmes, aberta, tipo americana.

Todas as cores perfeitamente combinando. Um tapete persa.

Era a casa de um deputado.

Riley tinha me falado: logo depois do parque. Porém por parque entendia cemitério, entendia um gramado com lápides: e por isso passei direto. E andei por horas e horas, com todos que me diziam: Claro, o parque. Ali no fundo.

No fim eu a encontrei. Mas Riley me parece tão diferente esta noite. Ou talvez seja eu, que estou tão cansada. E depois tem essa jornalista que fica me ligando, uma jornalista que trabalha para uma revista de viagens, que está aqui para uma reportagem sobre um resort: falei que eu por minha vez estava aqui pelos jihadistas, e ela me perguntou se era possível encontrar um deles. E agora me liga dez vezes por dia.

«Seria muito massa», disse.

Mesmo sem ter se dado conta de que está em um país muçulmano.

E agora fica me dizendo, dez vezes por dia: «Um jihadista. Seria realmente muito massa».

E então talvez seja eu, mas Riley me parece tão diferente esta noite.

— O problema aqui é o Islã — diz. — Mas claro que é o Islã. E tem dúvidas ainda? Te parece normal que, para qualquer coisa, a gente fique aqui se perguntando o que diz o Alcorão? Que no fim é tão vago, você já o leu alguma vez? O Alcorão diz: Deus te observa! Cuidado. Só diz isso; no fim, é tão vago, que você pode interpretá-lo como quiser: você pode colocar o que quiser na boca de Maomé — diz. — E então — diz — não podemos apenas conversar? E deixar para lá esse Alcorão? Mas te parece normal falar o tempo todo de Islã? Todo mundo? — diz. — O mundo todo? Porque a coisa mais insensata — diz — é que, ainda por cima, é um falso Islã. É só aparência: se você paga, aqui, tudo é permitido. Mas todos julgam todos. Levo minha filha para a creche e, todo santo dia, as outras mães me dizem que eu deveria usar o hijab. Mas que tal falar de outra coisa? Que tal falar dos salários, dos hospitais, das aposentadorias? Ou também: que tal falar de um livro? De um disco? Ou queremos desperdiçar assim a nossa única vida? Claro que o problema,

aqui, é o Islã. E tem dúvidas ainda? — diz.
— Se fossem coerentes, pelo menos —
diz. — Mas é só aparência. — Ela trabalhava em um resort: e era um sofrimento
contínuo. Acabou pedindo demissão. —
Porque aqui, se você não for casada, é
como se fosse de todo mundo. À disposição
— diz. — Te respeitam só se for casada.
Ou seja, não porque respeitam você: mas
porque respeitam o homem que está ao seu
lado, que, no entanto, pode quebrar uma
garrafa na sua cabeça — diz, e parece o retrato da emancipação, assim: e da coragem.
Teimosamente laica. Sozinha contra todos.
E contudo também isso é aparência. Ou
talvez seja Malé: aqui não se entende mais
nada. Porque na verdade é seu marido que
quer que ela esteja em casa para cuidar de
filhos e sogro. Ela não. Ela estudou. Sempre
trabalhou. Sempre teve mil amigos.

Mas agora não mais. Agora fica aqui o
dia todo. O dia todo com filhos e sogro.

— É tudo tão triste — diz. — Tão vazio.

Mas também diz: — Eu o amo.

Talvez seja Malé. Que é sempre tão
diversa.

Que foge a toda classificação.

Ou pelo menos às nossas.

Porque depois vou ao encontro de Ahmed Nazeer. Que tem 25 anos e usa Ray-
-Ban aviador, cabelos de cantor de reggae:
é outro dos ativistas mais conhecidos das
Maldivas. Escrevia para o *Minivan News*.
Sua escrivaninha ficava ao lado daquela
de Rilwan. Agora está se especializando

em direito internacional. Mas é também o melhor amigo de Ali. Um dos rapazes prestes a partir para a Síria: o primeiro que encontrei. Se conhecem desde sempre, são muito ligados. Falam sempre sobre a Síria. Mesmo assim, não está tentando impedi--lo. — Não posso julgar sua escolha — diz. — Para mim, simplesmente, é uma batalha perdida. Com esse califa que, entre outras coisas, se autonomeou, e que, diferentemente de Maomé, que estava no front junto com todos os outros, que combatia, fica escondido. Em segurança. Não tem sentido. Não têm nenhuma possibilidade de vencer — diz. Ou seja. Não diz que é uma guerra errada em si: mas que é uma guerra errada só porque está destinada à derrota.

E, então, na realidade: diz que é uma guerra justa.

Até mesmo alguém como Ahmed Nazeer. E não é o único, aqui, que pensa assim. — Todos se perguntam por que os jihadistas não são barrados no aeroporto — diz. — Mas o governo evita um pouco o confronto e na realidade compartilha um pouco de certas ideias. Como todos, aliás. Porque podem te dizer que aquele jihadista era um alcoólatra, que aquele outro era órfão. Ou desempregado. Mas ninguém, aqui, contesta a ideologia por trás — diz. — Ninguém tem vontade de aceitar este mundo. Esta vida.

— A verdade — diz — é que você nunca vai parar os jihadistas se não tiver uma alternativa para lhes oferecer.

Está em busca de um doutorado na Europa. Na realidade, é muito bom, dá para ver: é alguém com uma inteligência fora do comum. Aqui encontraria trabalho na hora. Mas é formado em direito, e não tem intenção de se tornar juiz ou advogado: de se tornar parte do sistema. — Escolhi direito para aprender a defender os direitos humanos — diz —, não para aprender a violá-los. E, depois, mesmo assim aqui não se pode estudar — diz. — Literalmente. Os turistas têm à disposição ilhas inteiras, e nós ao contrário não temos meio metro quadrado de silêncio para nos concentrarmos num livro. E, depois, às vezes aparecem de chinelo em frente a sua casa e fotografam a sua miséria chamando-a de folclore.

— Mas olhe onde estamos — diz.

Estamos na praia de Malé.

Que é uma praia artificial. Envenenada, aliás, pelos resíduos do hospital. — Não sobrou nem o mar — diz. — Que alternativa temos? Tudo é melhor do que esta vida. Se você pode se permitir, você paga uma universidade no exterior. Se não, vai para a Síria.

Thilafushi

E ntão, uma manhã. Essa música de piano, de repente.

Piano apenas.

No rádio, no porto: enquanto entro, entre essas cadeiras de plástico e uma camada fina de sal, e essas mulheres de preto até os tornozelos, e os homens, alguns de túnica outros não, mas todos falando essa língua deles que não parece com nenhuma das línguas que conheço, e essa pele avelã, um deles lê o Alcorão, as mulheres de um lado e os homens do outro. Mas ouvimos Satie.

Erik Satie.

A *Gymnopédie* número 1.

Poderia tocá-la de cor ainda agora, e penso apenas — de repente, penso apenas: como vim parar aqui?

Quando cheguei ao Oriente Médio, dez anos atrás, mais ou menos, recém-formada, todos tínhamos medo do Hamas, hoje você entrevista um assessor do Hamas e fala de impostos, de eletricidade, de banda larga e incentivos às empresas: hoje você autografa o seu livro para alguém da al-Qaeda. Como vim parar aqui? No meio dessa música, agora, que ressoa todo um mundo, meu mundo antes deste, antes do Oriente Médio, do Onze de Setembro, antes da Síria e do

Iraque: o mundo antes do mundo, quando eu estudava piano, e lia Philip Roth, e andava de vespa, e à noite as luzes nas cidades ficavam acesas, porque ninguém bombardeava, havia livrarias, havia cinemas. Você podia se vestir como quisesse, encontrar quem quisesse, dizer o que quisesse, e agora por que estou aqui? Falando apenas de Islã, de Islã, de Islã, com uns e outros: com quem ataca e com quem defende, e os papéis se invertem, se invertem continuamente, e você aqui, presa entre duas obsessões, entre duas submissões, porque depois na realidade todos querem certezas, certezas e nada mais, enquanto você está aqui tentando explicar os jihadistas, entender as suas razões, você que, no entanto, na Síria e em qualquer lugar, vive olhando para atrás, e aqui também, explicando os jihadistas enquanto caminha rente aos muros: e que sentido tem? Mas por outro lado, também na Europa: com os muçulmanos, todos os muçulmanos, sem distinção, que hoje são os negros, os judeus deste século, e parecem não ter uma qualidade, algo positivo, algo belo, uma coisa qualquer a ensinar, nada; parecem ser um problema apenas, nessa Europa para a qual você tenta explicar os jihadistas, e você também é um terrorista. E é proibido até escrever «Estado Islâmico», porque significa reconhecê-lo, te dizem, e legitimá-lo: significa aceitá-lo — exatamente como os islamitas, que há setenta anos e ainda hoje ficam te falando de «entidade sionista»: estão convencidos de que é suficiente não nomear Israel para que um dia desapareça. Iguais.

Iguais e contrários. E você no meio.

Neste mundo que nunca é o seu.

Como viemos parar aqui?

E acabo ficando um pouco envergonhada de estar aqui no embarque para Thilafushi. Porque Thilafushi é uma ilha artificial: é a descarga das Maldivas. Não é de areia. O solo é lixo. E, no entanto, segundo a Lonely Planet, é imperdível. E então estou aqui, aguardando a balsa sentada na minha cadeira de plástico desbotado: e o restante são todos homens, homens consumidos pelo trabalho, usando camiseta e tênis Nike falsificados e aquelas mãos de operário das quais o preto não sai nunca, o olhar esmaecido de quem amanhã vai estar aqui, como hoje, e também depois de amanhã, e também depois de depois de amanhã — e essa é toda a vida deles. Levam consigo fios de cobre, baterias de carro, sacos de cimento. Baldes de tinta. Mas, para a Lonely Planet, tudo isso é atração turística. E não é? Os que tiram selfies no Vele di Scampia, em Nápoles, os que dormem no cemitério habitado do Cairo, ou reservam um tour para ver as casas demolidas em Hebron, os que no Líbano andam pelos campos de refugiados: dizendo para eles mesmos, naturalmente, que é a única maneira de conhecer de verdade um país.

Por que, não é?, são essas as verdadeiras Maldivas.

Thilafushi fica sete quilômetros a oeste de Malé, é uma faixa fina: 3,5 quilômetros de comprimento e duzentos metros de largura. Aumenta um metro quadrado por dia: 330 toneladas de lixo por dia. As Maldivas não têm incinerador. Caro demais.

Custa em torno de 15 milhões de dólares: o mesmo que dez novos quartos em um resort.

E aquelas 330 toneladas, aliás, são produzidas em sua maior parte pelos turistas. Cada um produz 3,5 quilos de lixo por dia: cinco vezes mais do que um maldivano.

Na realidade, tudo começou com Thilafushi. Alguns meses atrás, esbarrei por acaso com algumas fotos de Francesco Zizola. Em uma delas aparecia essa menina de cabelos compridos, pretos, com um vestido vermelho, em um escorregador amarelo: descalça, em um terreno baldio, no alto desse velho escorregador, contra um pôr do sol magnífico. Pensei que ela fosse uma desabrigada. Mas depois li a legenda: Maldivas. E havia outra foto, logo depois. Um homem, em meio a uma fumaça escura, como um bombeiro, sobre uma coisa que parecia desabada. Thilafushi. E depois, ainda, um rapaz, com uma camisa listrada. Um cadáver. Na água. Nessa água transparente. E me perguntei: Maldivas?

E em seguida me perguntei: de fato, o que sei das Maldivas?

Não sei nem onde ficam.

E então procurei no Google: encontrei um texto de Jason Burke, do *Guardian*, um dos maiores especialistas em al-Qaeda. Ele contava sobre os jihadistas das Maldivas. E me perguntei: as Maldivas? Porque, na realidade, sempre falamos que os *foreign fighters* chegam do mundo todo. E é verdade. Mas: de que mundo?

Você é de Roma, tudo bem. Mas é de Trastevere ou de Tor Bella Monaca?

Que é aquele tipo de coisa que não se pode escrever, mas que todo mundo sabe: é assim que chega um belo dia em que alguém que vem das Filipinas não é filipino de nascença, mas de profissão.

Filipino de destino.

Thilafushi hoje é também a zona industrial das Maldivas. Tem uma fábrica de cimento, estaleiros navais, um estabelecimento para engarrafar o gás nos botijões e uma série de pequenas oficinas mecânicas e laboratórios para processamento de madeira e alumínio. São todos operários, aqui. Não tem asfalto no chão, nem mesmo areia: apenas essa lama clara que é um pouco de tudo, é terra, é areia, é água, é cimento, permeada de trapos, de pedaços de papelão, pedaços de plástico, pedaços de ferro, às vezes um pouco de grama, no ar denso de dioxina. Parece Taranto.

Parece a siderúrgica Ilva de Taranto. Você respira câncer.

Com esses galpões de amianto, os vidros gastos nos teares de ferrugem. E, pelas ruas, velhos carros, velhos furgões, cascos de pesqueiros, velhas betoneiras: no lugar das marchas, ao lado do assento do motorista, uma planta com flores amarelas. E os operários dormem aqui. Moram aqui: nos fundos das oficinas. Ou nos barcos. Nos barcos que consertam. Ficam abertos, as cabinas desmontadas: dentro dá para ver a roupa pendurada para secar. Mas todos usam botas de segurança, capacete e polo com o logo da empresa, parecem todos operários normais, empregados conforme a lei: mas só porque os patrões precisam de homens fortes e saudáveis. Te pagam o capacete. Te pagam as luvas, para evitar que você se corte e fique parado uma semana. Mas de resto você vive assim, na praia. Sem nem uma torneira para tomar banho.

Até porque existe o mar.

A única coisa que é protegida, aqui, é a capacidade deles de trabalhar.

São todos operários: e são todos de Bangladesh. Muitos não falam inglês, nem dhivehi: nunca estiveram sequer em Malé. E estão aqui há anos. Por anos. Um dia igual ao outro. Mas não só acham tudo isso normal: sentem que têm sorte. Porque em Thilafushi praticamente não têm despesas e, portanto, enviam para as famílias todos os 250 dólares do salário. Não é daqui que chegam os jihadistas, dos mais pobres entre os pobres, que como sempre, na história, são pobres demais, ocupados demais em sobreviver para conseguir lutar por uma vida melhor: ou só para imaginá-la. Não. Não só não há indignação nem frustração, aqui. Não há resignação. Não existe o sentimento de derrota, porque não existe o sentimento de batalha.

Ao contrário. Te oferecem chá, alegres, te explicam como garantir que um timão funcione.

Porque essa é a vida, ponto.

Mesmo respirando com muito custo.

— É um pouco dura a vida — me diz um rapaz de camisa polo azul. Está moldando umas tábuas que outro rapaz enverniza e passa para ele, naquela atmosfera de sal e aguarrás. Tem 27 anos, e calcula que vai voltar para Bangladesh em quinze anos, mais ou menos, e vai comprar uma casa. — Uma casa muito linda — diz. — Como será? — pergunto. — Vai ter três quartos — diz. — Vai ter tudo. Vai ter geladeira — diz —, vai ter fogão.

— Vai ter janelas — diz.

E sorri, e recomeça a plainar.

Não sabe que daqui a quinze anos vai estar morto.

Que aliás, no fim, é um pouco a história de todas as Maldivas. Porque as Maldivas estão no nível do mar: são o país mais baixo do mundo. Um metro e meio, em média. E, segundo as previsões da ONU, segundo as previsões mais brandas, o mar até o fim deste século vai subir 59 centímetros.

Submergindo tudo, aqui.

Por causa de uma mudança climática causada pelos outros.

Com a renda do turismo, o governo está avaliando comprar terras na Austrália. Porque ao final de tudo isso, simplesmente, serão todos forçados a se mudar para outro lugar.

Os laicos e os islamitas. Yameen e seus inimigos.

Quem roubou e quem padeceu.

No fim, todos aqui terão perdido tudo.

Enquanto já agora a muito custo se respira. A poucos metros das fábricas e canteiros, Thilafushi se dissolve. Literalmente. Se dissolve: de repente, torna-se tudo branco. Branco e ácido. O lixo é queimado, pilhas e pilhas: em um ar tão tóxico que, apesar das toneladas de dejetos de todo tipo, não tem nem um gato de rua. Não tem nem uma gaivota. Um cão, um rato. Nada. Apenas os operários de moto, de furgão, de bicicleta, que se enfiam na neblina e desvanecem, assobiando, três, quatro, alegres, com seu macacão vermelho e o capacete amarelo. Apesar de o risco, aqui, não ser o de cair um tijolo na sua cabeça. Um deles vira, me cumprimenta. Me faz o sinal da vitória, do seu furgão, enquanto atrás, tudo queima, como um jihadista uma vez, dentro da velha mesquita de Aleppo, dentro de seus destroços: com aquela mesma expressão, em meio aos escombros.

Tudo no chão, em pedaços. Os franco-atiradores atrás dele.

E ele ali, sorrindo.

Com essa mesma expressão.

Depois de meia hora, você começa a passar mal. A sentir falta de ar.

Uma caminhonete cinza metalizada para ao meu lado. São encarregados da Thilafushi Corporation, a sociedade que gerencia a ilha. Patrulham os canteiros. Como fiscais: vigiam os operários. — O que faz aqui? — me diz um dos dois. Mostro o Lonely Planet.

O outro, que não fala inglês, lhe pergunta: — Al-Jazeera?

— Não — diz. — Uma turista.

Tusso.

— De onde você é? — pergunta. — Itália — digo. — Vá para a praia — diz. — Veio fazer o que aqui? Vir para as Maldivas é tão caro — diz — e você veio parar em Thilafushi? E além do mais aqui não é adequado para as mulheres.

Aqui não é adequado para ninguém, na realidade.

Cuspo sangue.

A cada vinte, trinta minutos, passa um hidroavião sobre sua cabeça. E sempre me vem em mente Bauman. Zygmunt Bauman. Todos os seus livros sobre a globalização. Sobre os empresários, os operários. Sobre como dependiam uns dos outros, tempos atrás, porque compartilhavam um país, um território: e portanto os empresários tinham poder, sim, muito mais poder, mas não um poder absoluto, porque de todo modo precisavam dos operários, no fim das contas, e de operários capazes não apenas de produzir, mas também de comprar o que produziam. E agora não. Agora o capital está livre para se movimentar: as fábricas, para mudarem de lugar. Para impor as próprias condições.

Porque empresários e operários não vivem mais no mesmo espaço. No mesmo mundo.

E, enquanto aqui brigam por causa de café Illy ou Lavazza, a água sobe.

A água sobe. Sobe e pronto.

Enquanto eles passam sobre sua cabeça, em busca de novas ilhas.

Quem se importa se estas aqui afundam?

Não tem nada em Thilafushi. Apenas uma pequena venda de alimentos. De laranjada e batata chips. Os poucos que têm uma casa, em vez de uma esteira no canteiro, moram entre os destroços, em quartos minúsculos e sem janelas, as paredes que parecem uma teia de aranha de rachaduras. A cozinha é um fogão de acampamento, alguns pratos de plástico. Uma velha jarra. Você trabalha e nada mais, aqui.

Aqui você adoece e nada mais.

—Mas à noite—pergunto a um rapaz—, quando terminam, o que fazem, aqui? Onde se encontram?

Ele aponta um pequeno prédio baixo, claro, em uma mata cheia de árvores. Um café. Com cobertura de telhas vermelhas, almofadas empilhadas na entrada.

Me aproximo para comprar uma água.

Não é um café, é uma mesquita.

Nota ao texto

Já me era claro o bastante que nas Maldivas a liberdade de expressão não era um princípio particularmente caro. Mas, quando a reportagem que depois se tornou este livro foi publicada, antes em italiano *Internazionale*, e depois em várias outras línguas, incluindo o inglês, a reação em Malé foi feroz, como tinha sido feroz contra a al--Jazeera: segundo muitos leitores, tratava-se de uma conspiração estrangeira para destruir o turismo, a economia, e derrubar o governo. O objetivo, na realidade, era mudar as Maldivas. Ocidentalizá-las. Tudo não passava de uma cruzada. Porém, mais do que as ameaças, mais do que as intimidações, honestamente, me impressionaram as mensagens particulares que me chegaram. Muitas começavam assim: «Você é muçulmana?». E, em dado momento, arrisquei e disse: «Sim». «Desculpe», ouvi me responderem, «mas então entendi mal. Então você é das nossas.»

Nunca tinha me acontecido, em tantos anos de Oriente Médio.

Mas acima de tudo, por semanas, foi caça aberta a qualquer pessoa que tivesse me ajudado. Ou até mesmo só me conhecido. Eu estava tranquila na Europa escrevendo meu livro, longe, segura: enquanto todos aqueles que o tinham tornado possível, ao contrário, estavam lá apavorados. Vi tanto durante minha vida: sou correspondente de guerra. Mesmo assim esses estiveram entre os meus dias mais duros. Porque, por mais que, obviamente, tivesse mudado nomes, omitido detalhes, as Maldivas são um país pequeno demais: todo mundo conhece todo mundo. E, além disso, são um país em que fica difícil entender quem deve ser protegido de quem. Porque não é questão de estar com ou contra os jihadistas: em um país assim, por qualquer coisa que você disser haverá sempre alguém pronto a te atacar.

E não no sentido de te criticar.

No sentido mesmo de te agredir.

É claro, eventualmente, alguém agora poderia pensar que esse não é o melhor momento para uma viagem às Maldivas. Na realidade, neste livro tentei simplesmente entender as razões pelas quais um país tem um elevado número de jihadistas: é uma análise muito diferente da análise das razões pelas quais um país acaba na mira dos jihadistas.

Mesmo assim, no livro modifiquei não apenas os nomes, mas cada detalhe que poderia permitir a identificação das personagens em risco. Alguns, os ativistas por exemplo, usam o próprio nome e sobrenome: mas porque já se expuseram. Não dizem nada que já não tenham dito publicamente. E assim também algumas personagens que chamo apenas pelo nome, ou sobrenome, mas cuja história é conhecida. Kinan, por exemplo. Todos os outros, porém, são absoluta e intencionalmente não reconhecíveis. Em um caso, não tive outra escolha senão deslocá-los de uma ilha para outra.

Isso não quer dizer, é evidente, que o livro seja menos verdadeiro. O nosso ofício, no fundo, seria simples se para contar o mundo fosse suficiente andar por aí com um gravador ligado. Restituir a realidade do que se vê e se escuta é uma operação muito mais complexa do que em geral se imagina. O que mais condicionou meu trabalho, sinceramente, foi um vínculo anterior, que para quem lê é difícil perceber: muitos não sabiam que eu estava ali para escrever um livro. Ou souberam no final. Alguns teriam me contado menos, outros teriam me contado mais. Mas eu não tinha alternativa.

Teria sido controlada passo a passo.

E por isso tive sorte de, enquanto estava nas Maldivas, entre julho e agosto de 2016, também estarem ali, por acaso, os jornalistas da al-Jazeera. Muitas das matérias de crônica especializada, sobretudo crônica judiciária, vêm de suas investigações, e das investigações do *Minivan News*, cujo arquivo está todo on-line. Para obter números e estatísticas, por sua vez, além das fontes citadas, usei os relatórios periódicos da ONU e de suas agências, e os estudos de Aishaat Ali Naaz, a psicóloga de Malé. Usei muito também o livro *The Maldives: Islamis*

Republic, Tropical Autocracy, de J. J. Robinson, o australiano que achou um machete fincado em sua porta. E, naturalmente, o guia Lonely Planet.

A al-Jazeera, o *Minivan News* e eu trabalhamos em histórias diferentes, mas acabamos por fortalecer uns aos outros. Porque o jornalismo para mim não é uma aventura individual. Juntos, somos mais completos. Ou seja, mais verdadeiros. O jornalismo para mim é uma iniciativa coletiva e, especialmente, uma iniciativa que se baseia nos cronistas locais. E em sua coragem. Agradeço, portanto, a todos os extraordinários jornalistas das Maldivas sem os quais não teria nunca escrito este livro. E agradeço a um acima de todos: Rilwan.

Este livro deveria ter sido o livro dele.

Agradeço aos jornalistas sírios, que enquanto isso continuavam resistindo. Agradeço a Jan Egeland, mediador da ONU, que enquanto isso continuava fazendo o possível. Desde quando foi nomeado chefe de assuntos humanitários, alguma ajuda humanitária finalmente começou a ser distribuída: agradeço porque ele me faz lembrar todo dia que cada um de nós, com sua pequena contribuição, pode fazer a diferença.

Agradeço a Concita De Gregorio, que me lembra de que lá fora, apesar de tudo, é primavera.

Agradeço a Francesco Zizola, pela ideia. E a Yuri Kozyrev, pelo exemplo.

Agradeço a Emanuele Arciuli e a Ludovico Einaudi por sua música, que me acompanhou enquanto escrevia estas páginas.

E a israelitas e palestinos. Sempre.

E agradeço a Roberto Saviano, naturalmente.

F. B.
31 de março de 2017

Biblioteca Âyiné

1 Por que o liberalismo fracassou?
 Patrick J. Deneen
2 Contra o ódio
 Carolin Emcke
3 Reflexões sobre as causas da liberdade
 e da opressão social
 Simone Weil
4 Onde foram parar os intelectuais?
 Enzo Traverso
5 A língua de Trump
 Bérengère Viennot
6 O liberalismo em retirada
 Edward Luce
7 A voz da educação liberal
 Michael Oakeshott
8 Pela supressão dos partidos políticos
 Simone Weil
9 Direita e esquerda na literatura
 Alfonso Berardinelli
10 Diagnóstico e destino
 Vittorio Lingiardi
11 A piada judaica
 Devorah Baum
12 A política do impossível
 Stig Dagerman
13 Confissões de um herético
 Roger Scruton
14 Contra Sainte-Beuve
 Marcel Proust
15 Pró ou contra a bomba atômica
 Elsa Morante
16 Que paraíso é esse?
 Francesca Borri

Composto em Baskerville e Helvetica
Belo Horizonte, 2022